河合塾講師
山村由美子

図解古文読解
講義の実況中継

語学春秋社

はじめに

みなさん、こんにちは。

この本は、「古文の読解力を身につけたい！」「正しく読解できるようになる方法を知りたい！」という人のために書いたものです。

みなさんは、本文を「何となくこんな感じの意味かなあ」「たぶんこの人が主語っぽいよなー」などと、**「雰囲気」で**読んでいませんか？　言い方を変えると「文脈」だけを頼りに読んでいませんか？

「文脈」はもちろん大事ですけど、でも、その頼りにしている「文脈」が、いつも正しく読み取れているわけではありませんよね。そして、もし文脈把握が間違っていたとしたら、それをもとにした「読解」も間違うことになりますよね。おそるべき**「間違いの連鎖」**の始まりです……。

うまく自分の読解が当たっていればテストの点もよく、そうかなと思って読んだ話がはずれているとテストの点もどん底になる……テストのたびに大きく点数の波がある状態では、安心して入試本番を迎えられません。もっと確かな読解力を身につけなくちゃ！

そこで、本書では、**「はじめて見る本文でも読めるようになる確かな『読解力』を身につける」**ために、さまざまな**「読解のワザ」**をみなさんに紹介しています。入試のほとんどが、受験生にとっては「はじめて見る本文」ですから、これはまさに**入試に直結する読解力養成**のための本ともいえます。

「読解のワザ」というと、「そんな小手先のワザなんか……」と思う人もいるかもしれません。でもこの本のワザは違うんですよ。

私たち「古文のプロ」は、毎日毎日古文に接しています。膨大な量の、しかもいろんなジャンルの古文を長年読んでいると、「本文に書いてないけど主語はこの人以外ありえないよな」とか、「要するにこう言いたいんだな」ということを、自然につかんで読んでいます。膨大な古文と格闘してきた経験とプロの言語感覚がなせるワザといっていいかもしれません。

普段個人的に読むだけならば、なぜそう読めるのかなんてわざわざ理屈を考えないでも、経験上「このパターンのときはだいたいそうでしょ」で終わりです。みなさんもそれだけの時間と労力をかければ、理屈抜きでもある程度読めるようになるかもしれません。でも、時間がないみなさんには現実的な勉強法ではありません。

みなさんが時間と労力をかけられない分「古文のプロ」が時間と労力をかけて導き出した、**正しく読解するためのいわば〝一般公式〟**が、この「読解のワザ」です。すべての「ワザ」は、プロの感覚と知恵と経験に基づくものですから、「小手先のワザ」なんて侮《あなど》ることなかれ、ですよ！

それからもう一つ！　本書は、読解の最も根底的な部分・普遍的な部分を中心にお話ししています。言い方を変えると、**どんな文章にでも通用するような読解力**を身につけてもらおうと思ってお話ししています。だって、「説明された文章は読解できるようになったけど、他の文章になるとわからない」では、意味ないですよね。もちろん、言語ですから「例外」は存在します。でも、できるかぎり、どんな文章にでも使えるように説明してありますので、学んだワザを、どんどん他の文章にも使って、自分のモノにしていってほしいなと思います。

「読解力がゼロだ！」「文脈も何もわからない！」「そもそも古文がお手あげ状態だ！」という人にも、ちゃんとわかるようにお話ししているつもりです。本書を通して、「古文がわかるようになってきた！」とか、「テストの点が高得点で安定してきたぞ！」とか、「古文が少し好きになったかも」とか、そんなふうに実感してもらえるようになったら、とってもうれしいです。

山村　由美子

本書の特徴と使い方

学習する内容を、テーマとして提示しています。

テーマ2 本文にある「は・が・の」に騙されないで！

テーマ1では、本文に書いていない「は・が」などの補い方の話でしたね。

ところで、古文の本文中に「は」や「が」が、まったくないのかというと、そういうわけではありません。でも、その**本文中にある「は」や「が」、そして「の」の取り扱いには要注意！**

その「は・が・の」には、そのまま「は・が・の」と訳していいときと、ダメなときがあるんです！

次ページのワザ3・4を見てください。

気をつけた

主語じゃない

ろを「が」

も文字どおり

「の」と「が

言葉に

まちがえやすいポイント、ワザの解説などがくわしく書いてあります。

読解のワザが簡潔にまとめてあります。これではじめて見る本文でも読解できるようになりますよ！

ワザ3 組み合わせで変わる訳し方① 【パターン的中率70%】

★真下が**動詞**のパターン

が ＋ 動詞

の → **この場合は、「が」も「の」も、「が」と訳す！**

ワザ4 組み合わせで変わる訳し方② 【パターン的中率85%】

★真下が名詞のパターン

数値化できるワザについては、だいたいどれ位の割合であてはまるかの目安を示しています。

短めの文章を使った練習問題で、ワザを使う練習をしてみましょう。時々入試問題に挑戦するコーナーも登場します。

ワザを使用する際の注意点やプラスα情報が適宜ついています。ワンランク上をめざしましょう。

練習問題

次の文を現代語訳しなさい。

惟光《これみつ》が父の朝臣《あそん》の乳母《めのと》にはべり（でございました）し者の、みづはぐみ（年老いて）て住みはべるなり。

（源氏物語）

〈解答欄〉

図解

惟光《これみつ》**が**父**の**朝臣《あそん》**の**乳母《めのと》にはべり（でございました）し者**の**、みづはぐみ（年老いて）て住みはべるなり。

真下が**名詞「父」**なので、**「の」と訳す**

真下が**名詞「朝臣」**なので、**「の」と訳す**

真下が**名詞「乳母」**なので、**「の」と訳す**

真下が**「年老いる」**という意味の**動詞「みづはぐむ」**なので、**「が」と訳す**

答 惟光**の**父親**の**朝臣**の**乳母でございました者**が**、年老いて住んでいるのです。

「惟光《これみつ》」というのは人名です。「朝臣《あそん》」は、男性貴族を表す言葉です。つまり、ここは「惟光の父親（貴族）

どうですか？　今までだったら、「惟光が住んでるの？　お父さんが乳母なの？」などと、かなりメチャたが、読解のワザをおさえそうな感じですよね！

! ちょっと注意

少し慣れてきたら、真下の単語だけでなく、もう少しチェック範囲を広げて、文全体の構造も確認するようにしましょう。というのも、複雑な文になると、**動詞や名**

間に、誰をののしるかが入り込んでいるのかも！というもう一つの可能性が見えてきます。

ワザ3を使って**「が」と訳す**

読解の方法がビジュアル的に示してあります。

読解の方法や解法などが詳しく説明されています。

ワザを理解する→練習問題でワザを使いこなせるようにする→図解・解説でしっかり納得した上で定着させる、これが基本の勉強の流れです。
また、巻末には読解のワザ・チェックリストがあるので、目次がわりに利用したり、暗記カードのように使ってくださいね。

講義の内容

第一章 主語発見法

読解の大基本＆最重要ポイント

主語を見つけることから始めよう！

「単語とか文法とか、勉強してるはずなんだけど、文全体の意味がイマイチわからない……」なんて困ってませんか？　その原因、**「主語」をうまくつかめていないから**かもしれませんよ。

古文は省略が多く、中でも「主語」は本文中に書いてない方が普通です。だから、書いてある単語の訳だけつなげても、「誰が、どうした」「何が、どうなった」の〝荒づかみ〟さえなかなかできず、文脈がよくわからない、ということになりがちなんです。そこで、まずはこの**「主語」を的確につかむワザを身につけましょう！**

「主語なんて、文脈から何となく補うんでしょ」と思っているキミ！　確かに、文脈が正確に読み取れているときならそれでもいいですよ。でも、その「文脈」って本当に正しいのかな？「文脈」だけを頼りにすると、「文脈」をとり違えた途端《とたん》に、それにつられて「主語」も間違える危険性大。こういう恐ろしい「誤訳《ごやく》の連鎖《れんさ》」は、ぜひとも阻止《そし》したいところですよね。

「主語発見のワザ」があれば、**文脈がとりにくい箇所でも、「主語」が見えてきます。**「主語」がわかればそれを手がかりにして**文脈だって見えてきます！**　文脈がそこそこつかめている箇所では、「文脈」と「ワザ」の合わせ技で、**読解の正確度がさらにアップ**ですよ！　では、さっそく、始めましょう♪

テーマ1 「は・が・を・に」は補ってよし!

主語といえば、「私**は**」「あなた**が**」など、「は」や「が」などの助詞がついているイメージですよね。でも、**古文の主語には、この「は」や「が」が基本的についていません。時々「を」や「に」もありません。**だから、主語や目的語にあたる語が実は本文中に書いてあるのに、それを見逃したり誤解したりするケースが多発してしまうんです。

この場合は、主語や目的語に該当《がいとう》する語は本文中にあるんですから、後は**「は」・「が」や「を」などを補えばいい**だけです。

問題は補い方。これは、原則、**単語と単語の関係で決まります。**

たとえば、

(例1) 花、咲く。

「花[を]咲く」←ヘン。

「花[に]咲く」←普通はヘン。

「花[が]咲く」←**正解!**

(例2) 花、見る。

「花[が]見る」←ファンタジー以外、普通はヘン。

「花[に]見る」←哲学的・科学的な話以外、普通はヘン。

「花[を]見る」←**正解!**

といった感じです。

難しく考えちゃダメですよ。私たちが日常会話でしているのと同じ!

「ケーキ食べた?」=「ケーキ[を]食べた?」

「うん! あのケーキおいしかった!」

=「うん! あのケーキ[は]おいしかった!」

ね? 同じでしょ? 単語を現代語に変えたら、後は日常会話感覚で「が」や「を」などを補えばOKです。

これが、**足りない助詞の補い方の大原則!**

ワザ1 助詞の補いの大原則【パターン的中率90%】

「は・が・を・に」は日常会話感覚で補え！

「ワザ」の下に大体どれくらいの確率であてはまるパターンなのか、おおよその目安をパーセントで記しておきますので、参考にしてくださいね。

もちろん、「言葉」ですからいろんな例外は起こるので、100%の絶対のパターンなんて存在しません。でもこれは、現代語の日常会話感覚でほぼいけますよ。

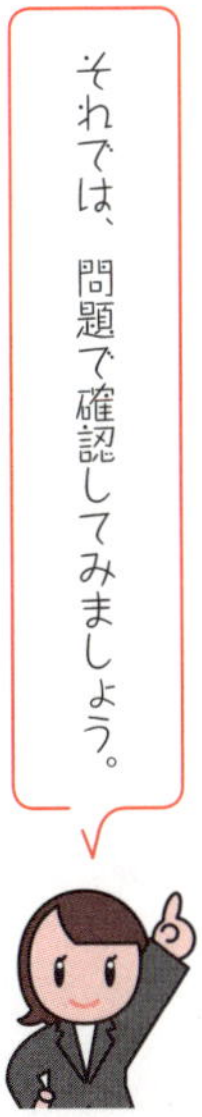

練習問題

次の文を現代語訳しなさい。

むかし、衰《おとろ》へたる家に、藤の花植《う》ゑたる人ありけり（いた）。

（伊勢物語）

〈解答欄〉

図解

むかし、衰《おとろ》へたる家に、藤の花植《う》ゑたる人ありけり。（いた）

「花が植える」はヘン
「花を植える」が自然
→「を」を補う

「人をいた」はヘン
「人がいた」が自然
→「が」を補う

答 むかし、衰えた家に、藤の花を植えている人がいた。

ワザ2 主語発見のワザ【パターン的中率85%】

〈人物〉、……

「は・が」→を補う＝つまり、ここが主語！

さて、大原則をおさえたら、次は、中でもよく出てくるパターンを「**主語発見のワザ**」として覚えておきましょう。

ワザ2のパターンに注目！　この場合、**人物を表す語**なら、固有名詞でなくても、**「中納言」**でも**「男」**でも**「これ」**でもOKですよ！

＋プラスアルファα

短いフレーズの場合、「、」がなくても、「は・が」を補うことも結構あります。

省略されている助詞No.1は、ダントツで「は・が」なので、**迷ったら、「は・が」を入れてみて！**

●というのは、もともとリアルタイムの古文の世界では、まだ句読点なんて考案されていません。私たちが普段目にする古文に出てくる句読点は、現代人が、現代人に読みやすいように、後からつけ加えたものなのです。だから、仮に「、」がなくても遠慮なく補ってOK！

練習問題

次の文を現代語訳しなさい。

むかし、男、みそか《ひそかに》に通ふ女ありけり。

（伊勢物語）

〈解答欄〉

図解

むかし、男、みそか《ひそかに》に通ふ女ありけり。

（人物、）だから **「が」を補う**

「、」はないけど **「が」を補う**

答 むかし、（ある）男**が**、ひそかに通う女**が**いた。

ちなみに、男の子が女の子のもとに「通ふ」というのは、要するに**「おつきあいをしている」**という意味です。

テーマ2 本文にある「は・が・の」に騙されないで！

テーマ1では、本文に書いていない「は・が」などの補い方の話でしたね。

ところで、古文の本文中に「は」や「が」が、まったくないのかというと、そういうわけではありません。でも、その**本文中にある「は」や「が」、そして「の」の取り扱いには要注意！**

その「は・が・の」には、そのまま「は・が・の」と訳していいときと、ダメなときがあるんです！

次ページのワザ3・4を見てください。

気をつけたいポイントは、**「が」と書いてあっても主語じゃないときがあるし、「の」と書いてあるところを「が」と訳すときもある**、ということ！　いつも文字どおりに訳すのは間違いのもと！　古文では、「の」と「が」のはたらきは基本的に同じなので、**真下の言葉に注目して、訳を決めましょう。**

ワザ3 組み合わせで変わる訳し方①【パターン的中率70％】

★真下が動詞のパターン

が ＋ 動詞

この→の

この場合は、「が」も「の」も、「が」と訳す！

ワザ4 組み合わせで変わる訳し方②【パターン的中率85％】

★真下が名詞のパターン

が ＋ 名詞

この→の

この場合は、「が」も「の」も、「の」と訳す！

練習問題

次の文を現代語訳しなさい。

惟光《これみつ》が父の朝臣《あそん》の乳母《めのと》にはべりし（でございました）者の、みづはぐみて（年老いて）住みはべるなり。（源氏物語）

〈解答欄〉

図解

惟光《これみつ》**が**父**の**朝臣《あそん》**の**乳母《めのと》にはべりし（でございました）者**の**、みづはぐみて（年老いて）住みはべるなり。

真下が**名詞「父」**なので、**「の」と訳す**

真下が**名詞「朝臣」**なので、**「の」と訳す**

真下が**名詞「乳母」**なので、**「の」と訳す**

真下が**「年老いる」**という意味の**動詞「みづはぐむ」**なので、**「が」と訳す**

答 惟光**の**父親**の**朝臣**の**乳母でございました者**が**、年老いて住んでいるのです。

「惟光《これみつ》」というのは人名です。「朝臣《あそん》」は、男性貴族を表す言葉です。つまり、ここは「惟光の父親（貴族）の乳母だった人が……住んでいる」という内容で、誰の乳母なのかの説明がゴチャゴチャとついている文だったんですね。

どうですか？　今までだったら、「惟光が住んでるの？　お父さんが乳母なの？」などと、かなりメチャクチャになりそうな文でしたが、読解のワザをおさえて読めば、何とか直訳できそうな感じですよね！

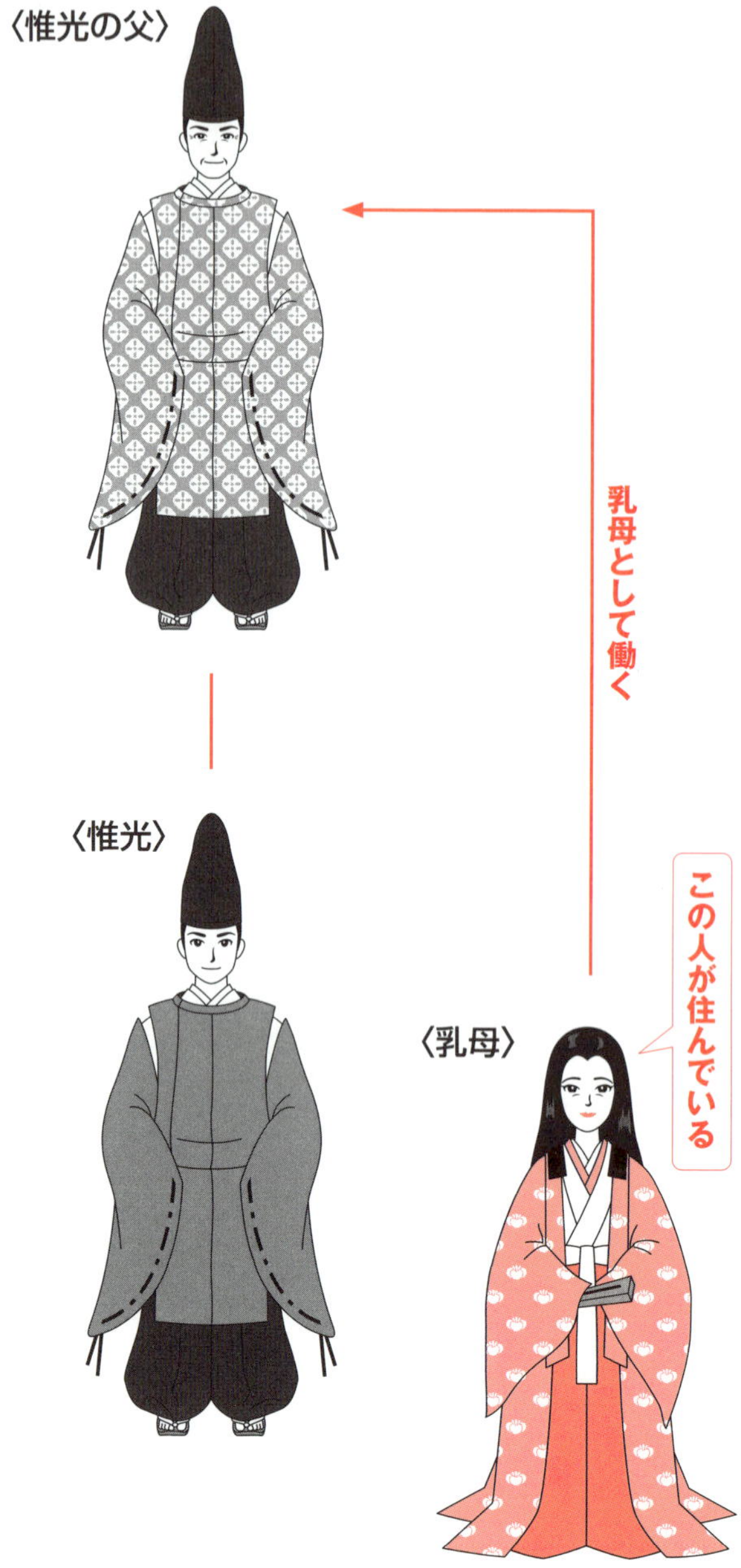

! ちょっと注意

少し慣れてきたら、真下の単語だけでなく、もう少しチェック範囲を広げて、文全体の構造も確認するようにしましょう。というのも、複雑な文になると、**動詞や名詞の前に目的語や修飾語などの別の言葉が入りこんでいるときがある**のです。

だから、まずは、ワザどおりに訳してみる。でも「あれ?」と思ったら、チェック範囲を広げてみて、何か間に入り込んでいるパターンじゃないか、と考えてみてくださいね。

(例) 隆方《たかかた》の実政《さねまさ》をのる《ののしる》言葉に、……

ワザ4のパターンでは、ここの「の」は、真下に名詞があるから「の」と訳すはずですが、「隆方の実政」では、いかにもヘン。

そこで、チェック範囲を広げると、その下に「ののしる」という意味の動詞「のる」があらわれます。

つまり、ここは、**「の＋動詞」のワザ3のパターンの間に、誰をののしるかが入り込んでいるのかも!**というもう一つの可能性が見えてきます。

隆方の（実政を）のる《ののしる》言葉に、……

ワザ3を使って**「が」と訳す**

目的語を補っている部分 誰をののしるか、

「隆方が実政をののしる言葉に、……」なら、自然な訳ですよね。これで正しい訳の完成です。

さて、**もう一つクセモノなのが「は」です。**現代語と同様に、主語を示すときに用いることが多いのですが、時々、そのまま「は」と訳すとおかしなものがあります。次の練習問題で確認してみましょう。

練習問題

次の文を現代語訳しなさい。

あることは《（事実としてあること）》、あらがふ《（否定する）》は、いとわびしく《（つらく）》こそありけれ。

（枕草子）

〈解答欄〉

「……は、……は、」となっていて、このまま両方ともを「は」と訳したら明らかにヘンですよね。

実は、古語の「は」には、**「話題は何かを示したり、上の語句を強調するはたらき」**というのもあって、ここでは「**あることは**」の「**は**」が、その**強調の**「**は**」です。このように「は」をそのまま「は」と訳して、ヘンなものが出てきたら、次のように対処します。

① **「は」をムシして、前後の語句を訳す**

↓

② **ワザ1を使って、前後の関係から「を」や「に」などを補って、完成！**

では、さきほどの文でやってみましょう。

① **「は」をムシして、前後の語句を訳す**

「事実としてあること ~~は~~ 否定する」

↓

② **前後の関係から助詞を補う**

「事実としてあること」が「否定する」
→これはヘン。

「事実としてあること」に「否定する」
→これもちょっとヘン。

「事実としてあること」**を**「否定する」
→**正解！**

図解

「は」はムシして、「を」を補う

あること《（事実としてあること）》は、あらがふ《（否定する）》は、いとわびしく《（つらく）》こそありけれ。

の

答 事実としてあることを、否定するのは、とてもつらかった。

ちなみに「あらがふは」の「は」は現代語と同様に主語として訳せばいい「は」です。ただ、そのまま「否定するは」と訳したのではつながりが悪いので〝つなぎ〟の「の」を入れます。

（→詳しくは第四章テーマ6）

テーマ3 主語にあたる部分が丸ごとない場合

さて、今度は、「は・が」といった助詞だけでなく、**主語にあたる部分が丸ごと本文に書いてないケース**を攻略しましょう。さすがにこれは、文脈で補うしかないと思っているでしょ？ 確かに文脈チェックは大事ですよ。でも、文脈把握《はあく》が「お手上げ」のときは、ぜひ次のワザ5をつかってみてくださいね。

ワザ5 接続助詞に注目するワザ① 【パターン的中率90％】

★前後で主語が変わりにくいパターン

Aさんは…… て、……

（補う）Aさんは → て、

接続助詞の「て」の前後では、普通、主語が変わりません。だから、「て」を含むフレーズに主語が書いてあれば、その次のフレーズでも同じ主語を補えばいいのです。

また、「て」の前には主語がなく、**「て」の後のフレーズにのみ主語がある場合も、同じワザが使えます。**逆算するような形で、「て」の前に同じ主語を補えばいいわけですね。

もっと言えば、**「て」の前後どちらにも主語が書いてなくても、両方ともにあてはまる同じ主語を補えばいい**いんです！

〈ケース1〉Aさんは……て、……

「て」の前と同じ主語**「Aさんは」を補う**

〈ケース2〉……て、Aさんは……

「て」の後と同じ主語**「Aさんは」を補う**

〈ケース3〉……て、……

「て」の前後で同じ主語**「Aさんは」をそれぞれに補う**

「ず」＋「て」から生まれた**「で」**（～しないで・**～せずに）も、前後で主語が変わりにくい助詞なので、「て」と同じワザが使えますよ♪**

では、練習問題でワザを使って主語を補ってみましょう。

練習問題

次の文には、ある人が飼っていた山雀《やまがら》の様子が描かれています。傍線部の主語を答えなさい。

一つの山雀はものも食はで(1)、つねに籠《かご》の腹（鳥かごの側面）につきて(2)、籠の目より出《い》でむとのみして(3)、痩《や》せ細りて(4)水をだにも多くは飲まで(5)、出でむとするいとなみの他、さらにことわざ（他のこと）なし。

（閑居友）

〈解答欄〉

(1)

(2)

(3)

(4)

(5)

図解

一つの**山雀は**ものも食は(1)**で**、つねに籠《かご》（鳥かごの側面）の腹につき(2)**て**、籠の目より出《い》でむとのみし(3)**て**、痩《や》せ細り(4)**て**

水をだにも多くは飲ま(5)**で**、出でむとするいとなみの他、さらにことわざ（他のこと）なし。

「で」も前後で主語は変わらない

主語は直前の「山雀」

山雀は

前後で主語は変わらない

山雀は

山雀は

主語は変わらない

主語は変わらない

山雀は

ここも変わらない

山雀は

には

は

答 (1)〜(5)全部、主語は「山雀」

訳 一羽の山雀は何も食べないで、常に鳥かごの側面にとまって、鳥かごの目から外に出ようとばかりして、痩せ細って水さえも多くは飲まないで、外に出ようとする行動以外には、まったく他のことはしない。

ワザ6 接続助詞に注目するワザ② 【パターン的中率70%】

★前後で主語が変わりやすいパターン

Aさんは……を、に、ば、……
補う
Bさんは

では、今度は逆に、**前後で主語が変わりやすいパターン**を見てみましょう。ワザ6です。

接続助詞の「を・に・ば」が出てくると、多くの場合、そのタイミングで主語が変わります。それまで「Aさん」が主語だったとしたら、「を・に・ば」の後は、普通「Aさん以外の誰か」が主語になるのです。

でも、「Aさん以外の誰か」って、候補者がたくさん出てきそうですよね……。ワザ6では、わかりやすくするために「Bさん」と断定していますが、実際には、たくさんの候補者の中から「Aさん以外の誰か」＝「Bさん」を特定するのですが、それがまた大変そう……。

心配ご無用です！　古文では、**一つの場面にはたいてい2〜3人ぐらいしか登場していません。**本文全体では結構な登場人物の数になったとしても、ワンシーンに同時に登場するのは、せいぜい2〜3人なんです。だから、「Aさん以外の人」は、自動的に「Bさん」となるか、せいぜい「BさんかCさん」の二択で考えられるんですよ。

〈ケース1〉**Aさんは……を、に、ば、……**

「を・に・ば」の前の主語と異なる**「Bさんは」を補う**

〈ケース2〉**……を、に、ば、Aさんは……**

「を・に・ば」の後の主語と異なる**「Bさんは」を補う**

〈ケース3〉**……を、に、ば、……**

「を・に・ば」の前後で異なる主語**「Aさんは」「Bさんは」を補う**

！ちょっと注意

助詞の「を」・「に」には、今お話ししていた接続助詞の他に**格助詞**という別の助詞も存在します。格助詞の場合は、主語の変化に無関係ですから混同しないように気をつけましょう。基本的には次のように識別します。

●助詞「を・に」の識別

①……**名詞（または連体形）＋……を／に→格助詞**

（を）このまま「を」と訳してもヘンじゃない

（に）このまま「に」と訳してもヘンじゃない

「を」のままだとヘン。「のに」「ので」「〜すると」だと自然

②……連体形＋**を**／**に**……→**接続助詞**

「に」のままだとヘン。「のに」「ので」「〜すると」だと自然

つまり，**「を」と「に」の訳を変えるときは主語も変わりやすい！**と覚えておこう。

練習問題

次の傍線部の主語を答えなさい。

帝《みかど》、篁《たかむら》に、「読め」と(1)仰《おほ》せられたり（おっしゃった）ければ、「読みは読みさぶらひなむ。されど恐れにてさぶらへば（おそれ多いことでございますので）、え申しさぶらはじ」と(2)奏しけれ（申しあげた）ば、「ただ申せ」と、たびたび(3)仰せられければ、……

（宇治拾遺物語）

「篁」は、小野篁という人の名前です。誰かが勝手に立てた立て札の、暗号めいた言葉について話している場面です。

〈解答欄〉

(1)

(2)

(3)

図解

ワザ2 → が

帝《みかど》、篁《たかむら》に、「読め」と(1)仰《おほ》せられたりけれ（おっしゃった）ば、「読みは読みさぶらひなむ。されど恐れにてさぶら（おそれ多いことでございま）へば（すので）、え申しさぶらはじ」と(2)奏しけれ（申しあげた）ば、「ただ申せ」と、たびたび(3)仰せられければ、……

「帝」が主語 → (1)

ワザ6
「ば」の前後で主語が変わる
2人しかいないから、新主語は「篁」にキマリ！ → 篁が

この「に」はこのまま「に」と訳す格助詞
主語の話に無関係なのでこのまま訳をつづける

帝は

主語は「篁」 → (2)

ワザ6
「ば」の前後で主語が変わる

主語は「帝」 → (3)

答　(1) 帝　(2) 篁　(3) 帝

訳　帝が、篁に、「読め」とおっしゃったので、（篁は）「読むことは読みましょう。でも、おそれ多いことでございますので、（口に出して）申しあげることはできそうにありません」と（帝に）申しあげたところ、（帝は）「かまわないから申しあげろ」と、何度もおっしゃったので、……

ワザ7 文頭の主語の補いのワザ【パターン的中率60%】

Aさんは、……。

補う

Aさんは → ＿＿。

ところで、**目印となる接続助詞がないとき**はどうしたらいいのでしょう? 特に、文の最初に主語が明記されていないと、出だしから間違えてしまいそうで、コワイですよね。そんなときにはワザ7です。

新しく始まる文に主語が明記されていない……。

実は、古文にはよくある書き方です。この場合、基本的には、**直前で話題になった人が主語になります。「話題の人」は、その多くが主語**として書かれています。つまり、このパターンでは**原則、前文と同じ主語を補います。**

主語が変わるときは、変わった主語をちゃんと明記しているのが普通です。裏を返せば、主語が書いてないときは、前の文から主語が変わっていない、と考えていいわけです。

＋プラスアルファ α

例外の中で多いのは、**直前で明示された目的語にあたる人物が、新しい文の主語になる**、というケースです。

明示することで、その人物に、いわばスポットライトを強くあてて、読者の視点をその人物にうつし、次の文でその人物を主語にして、その人について語っていく、という手法です。
それ以外に、主語が書かれていないのに、前の文から主語が変わる場合は、単語などにヒントがあり、「この動作をするのはAさん以外はいないな……」と読み解いていきます。ちょっとヘンだなと思ったら、慎重に単語などのヒントとなりそうなものを探してみましょう。

それでは、このへんで今までのワザの確認をかねて、入試問題に挑戦してみましょう。
どれだけ本文を読めるようになったか、実感してみてくださいね♪

入試問題に挑戦！

次の文章を読んで、後の問いに答えなさい。

今は昔、比叡の山に児《ちご》（注1）ありけり。僧たち宵のつれづれに、「いざ、かいもちひ（注2）せむ」といひけるを、この児、心よせに聞きけり。「さりとて、し出ださむを待ちて寝ざらむもわろかりなむ」と思ひて、片方によりて寝たるよしにて、出で来るを待ちけるに、すでにし出だしたるさまにて、ひしめきあひたり。この児、「定めておどろかさむずらむ」と、待ちゐたる（ア）に、僧の、「もの申しさぶらはむ。おどろかせ給へ」といふ（イ）を、うれしとは思へども、「ただ一度にいらへむも待ちけるかともぞ思ふ」とて、「いま一声よばれていらへむ」と念じて寝たるほどに、「や、なおこし奉りそ。をさなき人は寝いり給ひにけり」といふ声のしければ、「あな、わびし」と思ひて、「いま一度おこせかし」と、思ひ寝に聞けば、ひしひしと、ただ食ひに食ふ音のしければ、すべなくて無期《むご》ののちに、「えい」といらへたりければ、僧たち笑ふことかぎりなし。

（宇治拾遺物語）

（注）1　児——寺院に召し使われた少年。
2　かいもちひ——ぼたもち、おはぎの類。

問　傍線ア・イを引いた語の主語を、右の文章中の文字のとおりにそれぞれ記しなさい。〈愛知学院大〔改〕〉

〈解答欄〉

ア

イ

特に主語に注意しながら、丁寧に本文を読んでみましょう。

問題文図解

今は昔、比叡の山に児《ちご》（注1）ありけり。僧たち宵のつれづれに、「いざ、かいもちひ（注2）せむ」といひけるを、この児、心よせに聞きけり。「さりとて、し出ださむを待ちて寝ざらむもわろかりなむ」と思ひて、片方によりて寝たる

が　いた　が　退屈　さあ　を　作ろう　の　は

楽しみ　この児は　僧がぼたもちを　作り出す　の　の　よくない　だろう　この児が　児が

児が何を待つかにあたる箇所。前文をヒントに補足

よし《ふり》にて、【ぼたもちが】出で来る《できる》【の】を【児が】待ちけるに《ところ》、【僧は】すでに【ぼたもちを】し出だしたる《作り出した》さまにて、【僧が】ひしめきあひたり《集まってざわめき合っている》。この児【は】、「【僧はボクを】定めておどろ《きっと起こしてく》かさむずらむ《れるだろう》」と、待ちゐたるに《ところ》、僧の【が】、「もの申し《ねえねえ》さぶらはむ。おどろかせ給へ《起きてください》」といふを《ので》、【児は】うれしとは思へども、

「ただ一度にいらへむ《返事をする》【の】も【ボクが】待ちけるか《待っていたかと》と【僧が】もぞ思ふ」とて《思うとイヤだと思って》、【児は】「いま一声よばれていらへむ」と【児は】念じて《我慢して》【児は】寝たるほどに、「や《おい》、なおこし奉りそ《起こし申しあげるな》。をさなき人【児】は寝いり給ひにけり《ぐっすり寝ておしまいになった》」といふ声【が】のしければ《ので》、【児は】「あな《ああ》、わびし《困った》」と思ひて、【児は】「いま一度おこせかし」と、思ひ寝に聞けば《思いながら寝て聞くと》、【僧が】ひしひしと《むしゃむしゃと》、【ぼたもちを】ただ食ひに食ふ音【が】のしければ《ので》、【児は】すべなくて無期《むご》ののちに《長い時間の後に》、「えい《ハイ！》」

といらへたりければ《ので》、僧たち笑ふことかぎりなし。

が

は

設問の解き方

ア「この児、『……』と、待ちゐたる」という構造になっているところ。「この児、」は、**ワザ2を使用して「この児は」となる**ことがわかれば、これが、傍線アの主語と判明！

イ「僧の、『……』といふ」という構造になっている。具体的に言ったセリフを挟《はさ》んだ後に動詞があるので、少しわかりにくいのですが、**「僧の」の「の」は、ワザ3のパターン**。直前に「（児が）待ちゐたる**に**（＝児が待っていたところ）」と**主語が変わりやすい「に」（ワザ6）がある**こともヒントに、**「僧の」は「僧が」と訳す**と判断しよう。

設問解答

ア（この）児　**イ**僧

現代語訳

今は昔、比叡山延暦寺に児がいた。僧たちが宵の退屈（をまぎらすため）に、「さあ、ぼたもちを作ろう」と言ったのを、この児は、楽しみに聞いた。（この児は）「（楽しみ）だからといって、（僧がぼたもちを）作り出すのを待って寝ないでいるのもよくないだろう」と思って、（この児が部屋の）片隅に寄って寝ているふりで、（ぼたもちが）できるのを（児が）待っていたところ、（僧は）早くも（ぼたもちを）作り出した様子で、（僧が）集まってざわめき合っている。この児は、「(僧はボクを)きっと起こしてくれるだろう」と、じっと待っていたところ、僧が、「ねえねえ。起きてください」と言うので、(児は)うれしいとは思うけれど、たった一度(の呼びかけ)で返事をするのも(ボクが呼ばれるのを)待っていたのかと(僧が)思うとイヤだと思って、(児は)「もう一度呼ばれてから返事をしよう」と我慢して寝ているうちに、「おい、起こし申しあげるな。幼い人(=児)はぐっすり寝ておしまいになった」と言う声がしたので、(児は)「ああ、困った」と思って、「もう一度起こしてくれよ」と、思いながら寝て聞くと、(僧が)むしゃむしゃと、ただもうひたすら(ぼたもちを)食べる音がしたので、(児は)どうしようもなくて長い時間の後に、「ハイ!」と返事をしたので、僧たちが笑うことはこの上ない。

テーマ4 敬語もヒントに使おう！

ワザ8 敬語に注目するワザ① 【パターン的中率95％】

★会話文の中に尊敬語があるパターン

Aさん→Bさん（会話文）

「……〈尊敬語〉」

→Aさん以外の誰かが主語になる

ワザ9 敬語に注目するワザ② 【パターン的中率70％】

★会話文の中に謙譲語があるパターン

Aさん→Bさん（会話文）

「……〈謙譲語〉」

→Aさんが主語になる

「敬語は文法の話でしょ?」なんて決めつけちゃうのは、もったいない！　せっかく身につけるんだったら、いろんなことに応用できた方が、断然《だんぜん》お得です。

ということで、今回は、**敬語に注目して主語を見抜くワザ**を学びましょう。ワザ8と9は、会話文の中に敬語が出てきたときの主語の補い方です。

　自分が主語のときには、原則、尊敬語は使いません。だから、Aさんがしゃべる「　」の中に**尊敬語**があったら、そのときは、**Aさん以外の誰か**が主語だと判断します。一方、謙譲語は基本的に自分の動作に用います。Aさんがしゃべる「　」の中に**謙譲語**があれば、普通は、**Aさん自身**が主語になります。

＋プラスアルファ α

敬語とは、本来、人サマに気を遣《つか》って、相手を立てる（＝相手を敬《うやま》う）ときに使う言葉です。でも、古文には自分を敬う**「自敬《じけい》表現」**というちょっと特殊な敬語の使い方があります。

　自敬表現というのは、

①自分の動作に尊敬語を用いる
②他人の動作に謙譲語を用いる

もので、「ボクがおっしゃることを聞け」とか「ボクに持って参れ」というような言い方です。この自敬表現の知識があると、ワザ8・9の例外がたくさん出てくるような気がするかもしれませんが、心配いりません。

　自敬表現は、次のような人間（関係）でしか使いません。

● **〔天皇〕のような絶対的No.1の身分の人間**
● **〔主人と家来〕のような絶対的主従関係の中で、主人が家来に対して**

　つまり、誰がどう見ても、「あなたサマが偉《えら》いです！」といえるような人物や人間関係でしか使わないのです。身分の上下があっても、仕事仲間とか友達とか恋人とかの、大半の人間関係では使いませんから、そんなにいつも自敬表現を意識しないでも、大丈夫ですよ。

ワザ10 敬語に注目するワザ③ 【パターン的中率70%】

★会話文以外の敬語から判定するパターン

下準備…**登場人物ごとの敬語使用状況をチェック**

①初登場シーンなど、主語がはっきりわかる箇所に注目

②主に動詞などに注目して、登場人物ごとに、尊敬語の有無をチェック

（例）

・Aさん↓尊敬語が使用されている

・Bさん↓尊敬語は使用されていない

実践

主語がわからない箇所が出てきたら……

・……**〈尊敬語アリ〉**

→**「Aさんが」を補う**

● ……〈尊敬語ナシ〉
→「Bさんが」を補う

ワザ10は、**会話文以外のところ**（「**地の文**」**といいます**）**にある敬語から、主語を見抜く方法**です。これは、まず下準備が必要です。

このワザは、**「尊敬語」だけに限定しているところがポイント**です。尊敬語は、主語にあたる人物に敬意を表すための敬語なので、**主語との関係が密接**なんです。だからこのワザ10で主語判定に使います。一方、謙譲語は目的語にあたる人物を、丁寧語は聞き手や読者にあたる人物への敬意を表す語で、主語ではなく、目的語などとの関係の方が密接です。ワザ9のように「会話文中での謙譲語」などと条件をつけない以上、主語とは直接絡めにくい敬語なのでこのワザでは使いません。

このワザをいい加減に理解して、「尊敬語」だけでなく、「謙譲語も丁寧語も、とにかく敬語があるか無いかでチェック」などと大雑把《おおざっぱ》にやってしまうと、誤った主語を補うことになるので要注意ですよ。このワザは、正確な敬語の知識を身に付けた上で、使ってくださいね。

つまり、**「……〈尊敬語ナシ〉」のパターン**とは、次のいずれの場合も該当します。

● ……**〈敬語がまったくない〉**
● ……**〈謙譲語〉**
● ……**〈丁寧語〉**

練習問題

次の文章は、『保元《ほうげん》物語』の一節で、院（崇徳《すとく》上皇）が合戦《かっせん》に敗れ、敵方から逃れて如意山《にょいさん》に入ったことを記した部分です。傍線部の主語を答えなさい。

院の御供には、為義《ためよし》、家弘《いへひろ》、武者所《むしゃどころ》の季能《すゑよし》なんど（など）ぞ候《さぶら》ひける（お仕えした）。如意山へ入らせ給《たま》ふ（お入りになる）。御馬より下りさせ給ひて（お下りになって）、歩ませ給ふ（歩きなさる）。

〈解答欄〉

図解

院の御供には、為義《ためよし》、家弘《いへひろ》、武者所《むしゃどころ》の季能《すゑよし》なんど（など）ぞ候《さぶら》ひける（お仕えした）。

複数の人が並ぶここは「と」でつなぐ

と

と

強調しているだけだから訳さない

が

謙譲語

為義、家弘、季能には謙譲語のみ使用＝尊敬語ナシ！

院は
如意山へ入らせ給《たま》ふ。
（お入りになる）
ともに尊敬語
前書きがヒント！如意山に入ったのは院
院には尊敬語アリ！

院は
御馬より下りさせ給ひて、
（お下りになって）
ともに尊敬語
尊敬語アリだから院が主語

院は
歩ませ給ふ。
（歩きなさる）
ともに尊敬語
尊敬語アリだからここも院が主語！

答　院（崇徳上皇）

訳　院の御供には、為義と、家弘と、武者所の季能などがお仕《つか》えした。（院は）如意山にお入りになる。（院は）御馬よりお下りになって、（院は）歩きなさる。

！ちょっと注意

「基本的に尊敬語を使用している人物」でも、**本文中のすべての言葉が尊敬語になっているわけではありません。**

現代語でも、「お部屋にお入りになったら、ご着席なさって、お飲み物でもお召《め》し上がりになりながら、本を御覧《ごらん》になってお待ちになってください」なんて言ったら、相当うっとうしいですよね。同じように、古文でも、すべてを尊敬語にはせず、適宜《てきぎ》カットされています。

「尊敬語がない！　じゃあBさんが主語だ！」とあわてて即決せずに、**接続助詞の「て」でつながっているその先の主語をチェック**したりもしてみてくださいね。

テーマ5 男の子ワードと女の子ワード

現代は、女の子しかしない行動とか、男の子しか着ない服とか、男女の区別によって何かを限定されることはあまりありませんよね。カッコイイ女の子だって、カワイイ男の子だって、たくさんいるのが現代です。だから、現代では、単に「かわいい子」というだけでは、男の子か女の子かちょっと判断に迷ってしまうかもしれません。

ところが、**古文の時代は、男の子と女の子では、服装を始め、行動パターンから日常の暮らしぶり、生き方に至るまで大きく異なります。**ということは、そうした違いをあらかじめ知っていれば、主語が男の子か女の子か見当をつけることができるわけです。今回はそうした古文の時代の男の子と女の子の違いから主語を把握《はあく》してみましょう。

ワザ11 行動パターンに注目するワザ 【パターン的中率80％】

アイテムや行動に注目して、主語が男の子か女の子かを把握！

次の表は、男女それぞれにありがちな行動や表現をまとめたものです。しっかり確認してください。

	行動	表現
男	・夜の外出 ・朝帰り ・どこかに通う ・御簾《みす》の外側にいる ・隔《へだ》てを取り払う ・言い寄る ・近寄る ・「後朝《きぬぎぬ》の文《ふみ》」をおくる ・〝おつきあい〟の前に夢中 ・漢文の知識がある ・馬に乗る ・笛を吹く ・大きな声ではっきり話す	・「あだびと」＝浮気者 ・「まめびと」＝まじめな人
女	・夕方～夜に誰かを待つ ・御簾の内側にいる ・部屋の奥に入る ・逃げる ・隠れる ・〝おつきあい〟を始めてから夢中	・「らうたし」＝かわいい ・「うつくし」＝かわいい

大きく分けると、**積極的な行動をするのが男の子**、**消極的な行動をとるのが女の子**、といえますね。

＋プラスアルファα

①表の中にある**「後朝《きぬぎぬ》の文《ふみ》」は、デートの直後におくる手紙のこと**です。

現代でも、「今日のデートは楽しかったね。また早く逢いたいね」とか、デートの後にメールしませんか? あれと同じ感じです。ただし、古文の場合は、通常この内容を和歌にしておくります。必ず、**まずは男の子の方から女の子におくり、その後で女の子が返事をします。**女の子の方からおくるなんてありえません!

「後朝の文」は早く届けば届くほど、「深く愛している・誠意がある」証《あかし》とされたので、女の子はドキドキしながら、手紙が届くまでの時間を過ごします。

②**「あだびと」「まめびと」は多くが男の子に関して言います。**

古文の世界は「一夫多妻《いっぷたさい》」という結婚スタイルが主流で、男の子には複数の奥さんや恋人がいるのが普通です。男の子は二股・三股が当たり前だった一方で、女の子は一人の男の子とのみ、おつきあいするのが普通です。「恋多き女」も、中にはいますが、まれです。

つまり、女の子に関しては、まじめに一途《いちず》におつきあいするのが当たり前だったので、女の子が「あだびと」か「まめびと」かなんて、ほとんど話題にならない、というわけです。

③古文にはたくさんの「美しさを表す言葉」がありますが、その中で、**「らうたし」**は、**可憐《かれん》でいじらしく守ってあげたくなるようなかわいらしさ**を、**「うつくし」**は、**幼いものか小さいものに対するかわいらしさ**を主に表します。幼い男の子になら使えますが、立派な男性にはあまり使えそうにないですよね。

さて、男女の違いは、**服装**にもあります。たとえば、「スカートをはいている子」といえば現代日本では普通は「女の子」と言えるように、古文の世界で、女の子しか着ない服、男の子しか身につけないアイテムなどを知っていると、本文に誰のことかが書いてなくても、少なくとも、それが男の子か女の子かがわかります。**「古文常識」もこうして読解にいかせるんですよ♪**

【貴族の服装】

〈女性の普段着〉

〈女房の正装〉

〈束帯〉

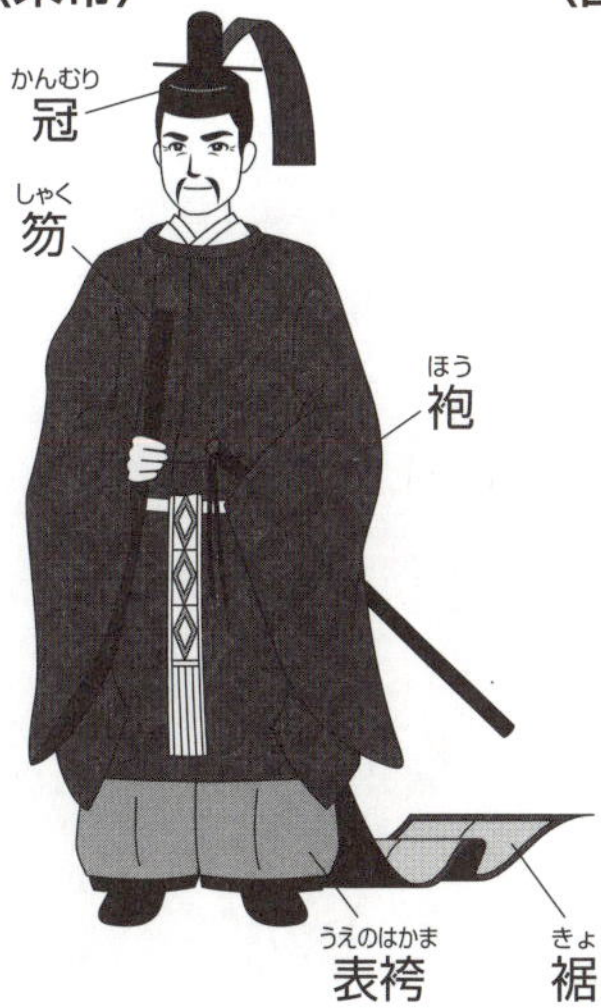

〈直衣〉

〈狩衣〉

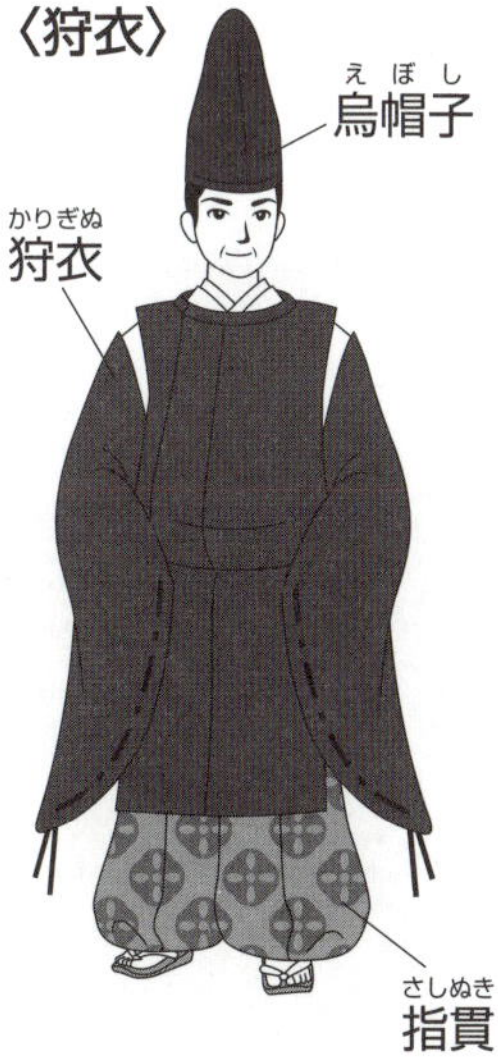

テーマ6　お役立ち！　天皇ご一家専用ワード

ワザ12　専用ワードで主語を見抜くワザ【パターン的中率98％】

天皇ご一家専用ワードを覚えて、天皇がらみの行動を把握！

古文のお話の中で、**登場回数が非常に多いのが、天皇とそのご一家です**。格別に身分が高く特別な存在ですから、**専用の言葉が存在します**。主語が書かれていないことの多い古文において、この専用ワードの存在は主語を見抜くときの強力な味方になります！　しっかり暗記して、見のがさないようにしましょう。

次に示したのは、**天皇や天皇ご一家が主語になる言葉**です。古文では、比較的短期間で天皇が交代したので、「**院**」「**上皇**《じょうこう》」「**法皇**《ほうおう》」などと呼ばれる「もと天皇」の方々もたくさん登場しますよ（呼び名については第二章参照）。

分類	古文単語	意味
外出関係	行幸《みゆき》	天皇のお出かけ
	御幸《みゆき》	もと天皇（上皇・法皇）のお出かけ
	行啓《ぎゃうけい》	天皇の正妻（中宮《ちゅうぐう》）・皇太子（東宮《とうぐう》）のお出かけ
	還御《くわんぎょ》	天皇・もと天皇・天皇の正妻がお帰りになること
「叡《えい》○○」	叡覧《えいらん》	天皇やもと天皇が御覧《ごらん》になること
	叡慮《えいりょ》	天皇やもと天皇のお考え
	叡感《えいかん》・御感《ぎょかん》	天皇やもと天皇が感心しておほめになること
	叡聞《えいぶん》	天皇やもと天皇がお聞きになること
「勅《ちょく》○○」	勅・勅命《ちょくめい》	天皇のお言葉・ご命令
	勅使《ちょくし》	天皇からの使者
	勅撰《ちょくせん》和歌集	天皇・もと天皇が命令を出して編纂《へんさん》された和歌集
その他	即位《そくゐ》	天皇の位につくこと
	退位《たいゐ》・譲位《じゃうゐ》	天皇の位から退くこと
	天気《てんき》	天皇のご機嫌
	逆鱗《げきりん》	天皇のお怒り
	宣命《せんみゃう》	天皇からのご命令・ご命令書
	宣旨《せんじ》	天皇からのご命令・ご命令書
	降嫁《かうか》	皇族の女性が皇族以外の男性のもとに嫁ぐこと

また、天皇や天皇ご一家が**目的語**になる専用ワードがあります。

古文単語	意味
奏《そう》す	天皇・もと天皇に申しあげる
啓《けい》す	天皇の正妻（中宮《ちゅうぐう》）・皇太子（東宮《とうぐう》）に申しあげる

「奏す」も「啓す」も「言ふ」の謙譲語です。「言ふ」の謙譲語といえば、他にも「申す」などがありますが、「申す」が天皇を含め、誰に対して言うときにでも、特に制約なく使えるのに対し、**「奏す」「啓す」は天皇や天皇ご一家に言うときだけ**に限定されます。

練習問題

次の傍線部の主語を答えなさい。

（注1）村上の前帝《せんだい》の御時に、雪のいみじう（とてもたくさん）降りたりけるを、様器《やうき》にもらせ給ひて（盛りなさって）、梅の花をさして、月のいと明《あか》きに、「これに歌よめ。いかがいふべき（どのように詠むだろうか）」と（注2）兵衛蔵人《ひやうゑのくらうど》に賜《たま》はせたり（お与えになった）ければ、「（注3）雪月花の時」と奏したりけるをこそ、いみじうめでさせ給ひけれ。

（枕草子）

（注）1　村上の前帝の御時――第六十二代村上天皇の御治世。
　　2　兵衛蔵人――村上天皇に仕えた女房。
　　3　「雪月花の時」――『白氏文集《はくしもんじゅう》』の漢詩句を引用した言葉。

〈解答欄〉

図解

村上《(注1)》の前帝《せんだい》の御時に、雪のいみじう（とてもたくさん）降りたりけるを、様器《やうき》にもらせ給ひ（盛りなさって）**て**、梅の花をさし**て**、月のいと明《あか》きに、「これに歌よめ。いかがいふべき（どのように詠むだろうか）」と兵衛蔵人《ひやうゑのくらうど》(注2)に賜《たま》はせたりけれ（お与えになった）**ば**、「雪月花の時」(注3)と**奏し**たりけるをこそ、いみじうめでさせ給ひけれ。

が
の
謎のAさんが
謎のAさんが
兵衛蔵人が
が
時
謎のAさんが
を
天皇がそこにいたことが判明！
逆算
天皇 ＝ 謎のAさんから主語がかわる
天皇に
の
天皇は

答　村上天皇（村上の前帝）

訳 村上天皇の御治世に、雪がとてもたくさん降っていたのを、（村上天皇はその雪を）様器に盛りなさって、（それに）梅の花を挿して、月がとても明るいときに、「これについて和歌を詠め。どのように詠むだろうか」と（おっしゃって）兵衛蔵人にお与えになったところ、（兵衛蔵人が）「雪月花の時」と（『白氏文集』の漢詩句を引用して）天皇に申しあげたのを、（村上天皇は）たいそうおほめになった。

最初は、雪を器に盛りつけたのが、村上天皇の治世の誰なのか、はっきりしませんよね。「様器にもらせ給ひて」に尊敬の助動詞「す」と尊敬の動詞「給ふ」を重ねて用いた二重尊敬あるいは最高敬語と呼ばれる表現があります。これは「一つの尊敬表現だけでは足りない！」と作者などが思ったときに用いる表現ですから、普通、かなり高い身分の人に対して用います。

でも、だからといって主語を「村上の前帝だ！」と決めつけてはいけませんよ。「村上の前帝の御時」には、村上の前帝だけでなく天皇ご一家の方々など他にもたくさん身分の高い人はいるのですからね。「て」があるから、その後もずっとその同じ人物が主語だとはわかるのですが、でも、それが誰なのかが特定できません。

そこで**「奏す」の登場**です。「奏す」はワザ12でおさえたように、「天皇・もと天皇に申しあげる」という意味です。**ここでは村上天皇のこと**ですね。「謎のAさんが兵衛蔵人に様器をお与えになったところ、兵衛蔵人が村上天皇に『雪月花の時』と申しあげた」と、ここで兵衛蔵人と村上天皇が会話していることが判明します。

兵衛蔵人と村上天皇の2人以外には登場人物はいないようでしたから、後は、ここから逆算して、謎のAさんは村上天皇だったことが明らかになるのです！

さあ、主語に関してたくさんのワザを学びましたね。では、第一章卒業問題です。

入試問題に挑戦！

次の文章は、天皇（君・主上）が大事にしていた紅葉の落ち葉を、下役人が掃除の際にかき集めて酒をあたためるためのたき火にしてしまった後の場面です。これを読んで、後の問いに答えなさい。

（注1）奉行《ぶぎゃう》の蔵人《くらんど》、ア行幸より先にと急ぎ往《ゆ》いて見るに、跡かたなし。「いかに」と問へば、しかしかといふ。蔵人大いに驚き、「あなあさまし。君のさしも執《しゅ》し思《おぼ》しめされつる紅葉を、かやうにしけるあさましさよ。知らず、汝《なんぢ》らただ今禁獄《きんごく》流罪《るざい》にも及び、イわが身もいかなる逆鱗《げきりん》にかあづからんずらん」と嘆くところに、主上いとどしく夜の御殿《おとど》を出でさせ給ひもあへず、かしこへ行幸なつて紅葉をA叡覧《えいらん》なるに、なかりければ、「いかに」と御たづねあるに、蔵人奏すべき方はなし。ありのままにB奏聞《そうもん》す。ウ天気ことに御心よげにうち笑《ゑ》ませ給ひて、「林間煖酒焼紅葉といふ詩の心をば、それらには誰《た》が教へけるぞや。やさしうも仕《つかまつ》りけるものかな」とて、かへつて御感《ぎょかん》にあづかつし上は、あへて（注2）勅勘《ちょくかん》なかりけり。

（平家物語）

（注）1　奉行の――係の。
　　　2　勅勘――天子からのとがめ。

問一　傍線**ア・ウ**の部分の意味を、十字以内で記しなさい。

問二　傍線イの部分を、二十字以内で現代語訳しなさい。
問三　傍線A・Bの主語を記しなさい。

〈立教大〔改〕〉

〈解答欄〉

問一　ア

ウ

問二

問三　A

B

天皇専用ワード満載ですね。これまでのワザを思い出して、特に主語に注意しながら、読んでみましょう。

（注1）奉行《ぶぎやう》の蔵人《くらんど》、（が）ア**行幸**（天皇のお出まし）より先にと急ぎ往《ゆ》いて見る**に**、（主語がかわる→と）跡かたなし。（も）「いかに」と問へ**ば**、（主語がかわる）しかしか（これこれこういう）といふ。

蔵人（は）大いに驚き、「あなあさまし（ああああきれた）。（天皇→）君の（が）さしも執《しゅ》し思《おぼ》しめされつる（ご執心になっていた）紅葉を、かやうにしけるあさましさよ。知らず、

（下役人→）汝《なんぢ》ら（は）ただ今禁獄流罪《きんごくるざい》にも及び、（蔵人→）わが身もイいかなる**逆鱗**《げきりん》にかあづからんずらん」と嘆くところに、主上（が）いとどしく（いつも以上に早く）

新しい主語は「紅葉は」。前書きと4行目「紅葉を叡覧なるに、なかりけれ」がヒント

「いかに?」と聞くのは、到着直後で事態を飲み込めないでいる「蔵人」

蔵人以外の人＝「下役人」（次文から逆算）が主語

夜の御殿《おとど》を出でさせ給ひもあへず、かしこへ**行幸**なつ**て**紅葉を**叡覧**《えいらん》なる（A）**に**、なかりけれ**ば**、「いかに」と御たづねある**に**、蔵人**奏す**べき方はなし。ありのままに**奏聞**《そうもん》**す**（B）。**天気**（ウ）ことに御心よげにうち笑《ゑ》ませ給ひ**て**、「林間煖酒焼紅葉といふ詩の心をば、それらには誰《た》が教へけるぞや。やさしうも仕《つかま》つりけるものかな」と**て**、かへつて**御感**《ぎょかん》にあづかつし上は、あへて**勅勘**《ちょくかん》（注2）なかりけり。

お出になるのももどかしそうに
天皇に申しあげる
天皇のご機嫌
林間に酒をあたためて紅葉を焼く
を
風流に
振る舞い申しあげた
と言って
天皇のおほめの言葉
天皇のおとがめ

ここで天皇が主語なのを確認！
天皇は
紅葉の所
主語がかわらない
ここで天皇が主語なのを確認！
主語がかわる
と
紅葉は
主語がかわる
天皇は
主語がかわる
が
は
蔵人は
前文と同主語
が
天皇は
主語がかわらない
天皇は
下役人
下役人は
が
ここは前文の目的語の人物が主語に
は

設問の解き方

問一 ワザ12を使用！

問二 「逆鱗」はワザ12を使用します。「いかなる」は「どのような」、「あづかる」は「こうむる・受ける」という意味。「逆鱗にあづかる」で**「天皇のお怒りをこうむる（受ける）」**となります。

「んず（＝むず）」は推量、「らん（＝らむ）」は現在推量の助動詞ですが、「んずらん」と続けて用いられる場合は、あわせて**「〜だろう」**と訳せばOK。**「か……らん」で成立している係り結びを見逃さないように**。ここの「か」は疑問の係助詞。

問三 A 「叡覧」はワザ12を使用。**「天皇・もと天皇が御覧になること」**。この文章には**「もと天皇」は登場していない**ので、主語は「天皇」。

B **「奏聞す」は「奏す」と同義語**。「天皇に申しあげる」と訳す「言ふ」の謙譲語です。誰が「天皇に申しあげる」のかは、本文に書いてありませんが、ワザ7を使用して、**前文と同じ主語の「蔵人」が主語**と判断します。

設問解答

問一 ア **天皇のお出まし（天皇のお出かけ）**（7字）

ウ **天皇のご機嫌**（6字）

問二 **どのような天皇のお怒りをこうむるだろうか**（20字）

問三 A **天皇（主上）**

B **（奉行の）蔵人**

現代語訳

係の蔵人が、天皇のお出ましより先にと急いで行って見ると、（紅葉は）跡形もない。（蔵人が）「どうした」と尋ねると、（下役人が）これこれこういうことですと答える。蔵人はたいそう驚き、「ああああきれた。天皇があれほどまでにご執心になっていた紅葉をこんなふうにしたとはあきれたことよ。知らないぞ、おまえたち（＝下役人）は即刻禁獄流罪にもなり、この私自身もどのような天皇のお怒りをこうむるだろうか」と嘆くところに、天皇がいつも以上に早く夜の御殿（＝寝室）をお出になるのももどかしそうに、その場所（＝紅葉の所）へお出ましになって紅葉を御覧になると、(紅葉はすっかり)なかったので、(天皇は)「どうした」と尋ねなさるが、蔵人は天皇に申しあげようがない。(しかたなく蔵人は)ありのままに天皇に申しあげる。(すると天皇は)ご機嫌が特別よさそうにほほえみなさって、「『林間に酒をあたためて紅葉を焼く』という漢詩の心を、その者たち(=下役人)にいったい誰が教えたのか。(下役人は)風流にも振る舞い申しあげたなあ」と言って、逆に天皇のおほめの言葉をいただいた以上は、いっこうにおとがめなどはなかった。

いかがでしたか?

一つ一つのワザに慣れてきたら、一箇所につき、複数のワザを使って、より精度をアップさせていきましょう。もちろん文脈チェックも忘れずにね。

複雑な本文のときには、途中で主語を見失ってしまうこともあるでしょう。そんなときには、「もうムリだ！」なんて全部を投げ出さずに、学んだパターンや目印になるワードを探してみましょう。そこから再び復活できますよ。

第二章　人物整理法

まずは整理整頓！

登場人物をしっかりつかもう！

フレーズごとに主語を把握《はあく》できるようになってきたら、次は**文章全体を意識して人物を把握・整理してみましょう。**たとえば、いないと思っていた人が実はいたり、本当は同一人物なのに別人だと思っていたなんてことはありませんか？　そこのところを勘違いすると、せっかく身につけた主語を見抜くワザも効果が発揮されませんし、もちろん話全体もつかめません。それではマズイので、この章で、いるべき人をきちんと洗い出し、**人物を整理整頓《せいとん》するワザ**を身につけましょう♪

テーマ1　埋もれた人物の発見法

古文を読んでいると、時々、最後の方になって「え!?　こんな人登場していたの？」なんていう人があらわれてビックリするなんてこと、ありませんか？　しかも、ずっと前からいたかのような雰囲気なので、「そこまでの主語の読み取り、全部ちがっていたかも!?」と焦ってしまいますよね。まずはそれを何とかしましょう♪

ワザ13 埋もれた人物発見のワザ① 【パターン的中率95％】

日記・随筆（＝エッセイ）では、作者も登場人物の一人！

古文にもさまざまなジャンルがあって、その中に、**「日記」「随筆《ずいひつ》（＝エッセイ）」**というジャンルがあります。これは、現代と同じように、自分が体験したことや思ったことを書き綴《つづ》ったものですから、作品全体を通して、**いつでもどこでも作者が登場している**のが基本スタイル。「私（＝作者）は」といった表現はほとんどありませんが、その場にいるものとして読んでいきましょう。

＋プラスアルファα

ちょっと珍しいのですが、日記でも、「私（作者）」を表に出さない書き方をしているものがあります。たとえば、**『和泉式部《いずみしきぶ》日記』**では、作者自身のことを第三者風に**「女」**と書いていますし、**『土佐《とさ》日記』**では、作者紀貫之《きのつらゆき》（男性です）は**「自分は女」**という設定で書き出しています。でも、そんなに上手にウソをつきとおせていないので、「要するに作者でしょ」ぐらいの感覚で処理しておきましょう。

さて、ここで問題になるのが、**どうしたら目の前の本文が日記や随筆だとわかるか**、です。これは、**文学史の知識**や、**前書き**などをヒントに判断します。

〈例〉

【レベル❶】

次の文章は、『春のみやまぢ』という**日記文学**の一節である。作者の飛鳥井《あすかい》雅有《まさあり》は、和歌の師として東宮（後の伏見天皇）に仕えている。これを読んで、後の問いに答えよ。

〈法政大〉

【レベル❷】

次は『**とはずがたり**』の一節です。これを読んで、後の問いに答えなさい。

〈大阪大〉

【レベル❸】

次の文章は、木下長嘯子《ちょうしょうし》『うなゐ松』の一節である。**筆者**（翁《おきな》）の十七歳になる娘は四月から病の床にあり、回復の兆しも見えないまま、新年を迎えた。これを読んで後の問い（問1～6）に答えよ。

〈センター試験〉

【レベル❶】の『春のみやまぢ』は受験生にとってマイナーな作品ですが、**前書きに「日記文学」**だとはっきり書いてありますので、注意を払いさえすれば、これが日記だという情報を得られます。日記は、『蜻蛉《かげろう》日記』『更級《さらしな》日記』など、作品名に「日記」という言葉が入っているものが多いので、その場合は、作品名からも簡単に情報を入手できますね。

【レベル❷】にはそういった記述はありません。ただし、『とはずがたり』は後深草院二条《ごふかくさいんにじょう》の記した有名な日記作品ですから、これは**文学史の知識**から日記だとわかる、というタイプのものです。

【レベル❸】は、『うなゐ松』というマイナー作品ですし、作品名からのヒントもないし、前書きにもジャンルの情報はありません。でも、**前書きの2文めを見**

ると、筆者が登場しているお話だとわかりますね。筆者が登場しているフィクション（作り物語など）というのは稀《まれ》ですから、ここから、ノンフィクション作品の日記・随筆だなと気づくことができます。

ワザ14 埋もれた人物発見のワザ② 【パターン的中率70%】

説話では、メインの話の前後にコメンテーター（＝編者）があらわれることがある！

古文には、**「説話《せつわ》」**というジャンルもあります。「説話」は、いわば「日本昔話」みたいに人々に語りつがれてきた短編のお話で、仏教の話や不思議な話、おもしろおかしい話など、内容はさまざまです。『今昔物語集』などの説話集は、そうしたお話を集めて一冊の本にしたものです。

説話集には、集めたお話をただ紹介するだけのものもありますが、中には、その一冊にまとめた人（＝編者）が、解説を加えたり、感想・教訓を添《そ》えたりしているものもあります。

●説話の構成

編者のコメント

＋

仏教の話
不思議な話
おもしろおかしい話
など

＋

編者のコメント

※コメントがあるときは、たいていメインの話の前後どちらかにつく

つまり、「編者」は、**メインの話の登場人物にはならないけれど、その前後のコメントを述べるところで姿をあらわす可能性がある**、ということです。あらわれる箇所（メインの話の前か後＝**本文の最初か最後**ということ！）がはっきりしているから、意識さえしておけば、発見は簡単ですよ♪

ワザ15 埋もれた人物発見のワザ③【パターン的中率90%】

「鏡物」には、ナレーター（＝語り手）があらわれる！

さらに、古文の中には、ユニークな〝設定〟で書かれたものがあります。たとえば、入試頻出作品の一つ『**大鏡**《おおかがみ》』。

この作品は、推定年齢190歳（!!）の大宅世継《おおやけのよつぎ》と180歳（!!）の夏山繁樹《なつやまのしげき》が中心になって、「長い人生の中で、自分の目で見てきたさまざまな歴史を語る」というスタイルの、会話形式で書かれた作品です。もちろん、190歳だの180歳だのといった人間はいませんから、大宅世継と夏山繁樹の2人は架空《かくう》の人物です。でも、その2人が語る内容は、ノンフィクション。いわば、架空のおじいちゃんにドキュメンタリー番組のナレーターをさせるといった感じですね。

で、このナレーター役のことを、普通、「国語」の世界では「**語り手**」と言います。作者が直接「自分はこう思う！」と言う代わりに、ナレーターに言わせているようなものですから、作者＝語り手といったところです。

現代でも、情報番組などのナレーターは、事実をありのまま伝えた上で、時々自分の意見や感想などのコメントを添《そ》えたりしますよね。『大鏡』の場合もそうで、語られる歴史の舞台上におじいちゃんナレーターが登場することはありませんが、舞台裏からその歴史についての感想などは言います。

つまり、**意見や感想を述べている箇所では、語り手（ナレーター）が主語としてあらわれる**、ということ！　意見や感想は、一つの歴史エピソードの前か後、すなわち話が始まる直前か、一段落ついたキリのいい所でコメントしますから、そのあたりにさしかかったら語り手（ナレーター）が主語としてあらわれるかもしれないな、と思って読んでいきましょう。

ちなみに、『大鏡』と、その後に作られた『**今鏡**《いまかがみ》』『**水鏡**《みずかがみ》』『**増鏡**《ますかがみ》』のことを「**鏡物**《かがみもの》」とか「**四鏡**《しきょう》」と言います。『大鏡』のユニークな設定は当時なかなかウケたようで、その後の鏡物にも引き継がれ、それぞれ別の語り手（ナレーター）ですが、『大鏡』と同じような設定で書かれています。

他にも語り手が出てくる作品もあるので、前書きなどにも注意しましょう。

ワザ16 埋もれた人物発見のワザ④【パターン的中率80%】

・**「○○の御時」で始まる**
・**話の舞台が「宮中」**

← **登場人物の一人として天皇をカウントせよ！**

古文では、フィクションであれノンフィクションであれ、天皇が登場するお話って多いですよね。実は、最初からいるのにはっきり書いてないことが多々あるんです。そのようなときに、いち早く天皇の存在を認識するための方法がワザ16です。

「**○○の御時**」の「○○」の部分には、**天皇の名前**や「**平成・昭和**」のような**年号が入ります**。多少表現が異なっていてもかまいません。この表現自体は、「村上天皇の御代」とか「延喜《えんぎ》時代」などと、いつ頃の話かを述べているに過ぎないのですが、これに「**舞**

台が宮中《きゅうちゅう》」という要素も加わると、その最初に示された、村上天皇や延喜時代を治めていた天皇などが登場する可能性がグンとあがります。

「宮中」とは、「**内裏《だいり》・天皇御所《てんのうごしょ》・皇居《こうきょ》**」のこと。古文の世界では京都にあります。そこは、天皇の住居でもあり、貴族たちの職場でもあります。

基本的に天皇は、仕事のときもプライベートのときも、ずーっと宮中にいて、そこの主でありトップとして君臨《くんりん》しているわけですから、当然、そこが舞台であれば登場人物になる可能性が高いのです。

! ちょっと注意

「○○の御時」で始まっても、舞台が**宮中以外**となると、**天皇は出てこない可能性の方が高くなります。**

練習問題

次の文章中にある波線部の主語は誰か、答えなさい。

先帝《せんだい》(注1)の御時に、右大臣殿の女御《にょうご》、上《うへ》(注2)の御局《みつぼね》にまうでのぼり給ひてさぶらひ給ひけり。「おはしましやする」とした待ち給ひけるに、おはしまさざりければ、

ひぐらしに君まつ山のほととぎすとはぬ時にぞ声も惜しまぬ

となむ聞こえ給ひける。

(大和物語)

(注) 1 先帝——醍醐天皇。
2 上の御局——宮中の清涼殿にある部屋。

〈解答欄〉

埋もれた主語を発見できましたか？
では、図解でポイントを確認しましょう。

図解

「○○の御時」＋(注)をヒントに「舞台が宮中」＝天皇が登場する話だと判断！

(注1)先帝《せんだい》の御時に、右大臣殿の女御《にょうご》、(注2)上《うへ》の御局《みつぼね》にまうでのぼり給ひてさぶらひ給ひけり。

が

前文と同じ主語 → 女御が

1行目でつかんだことをヒントに → 天皇が

天皇が

「おはしましやする」としたち給ひけるに、おはしまさざりければ、

いらっしゃるか　　が　　いらっしゃらなかった

主語が変わる

主語が変わる

「君まつ…ほととぎす」は、直前の「誰かを待つ女御」のことだと判断 → を

女御の歌 →

ひぐらしに君まつ山のほととぎすとはぬ時にぞ声も惜しまぬ

ない　　ない

天皇 → 君

女御自身の比喩 → ほととぎす

は

「君」が「ほととぎす」を → とはぬ

となむ聞こえ給ひける。

答 醍醐天皇（先帝）

訳 醍醐天皇の御治世に、右大臣殿の女御が、上の御局に参上なさって控えていらっしゃった。「（天皇が）いらっしゃるか」と（女御が）心待ちにしていらっしゃったが、（天皇が）いらっしゃらなかったので、（女御が）

一日中、醍醐天皇を待つ私は、（天皇が私を）たずねてくれないときには、松山のほととぎすのように、声も惜しまず泣くことです。

と申しあげなさった。

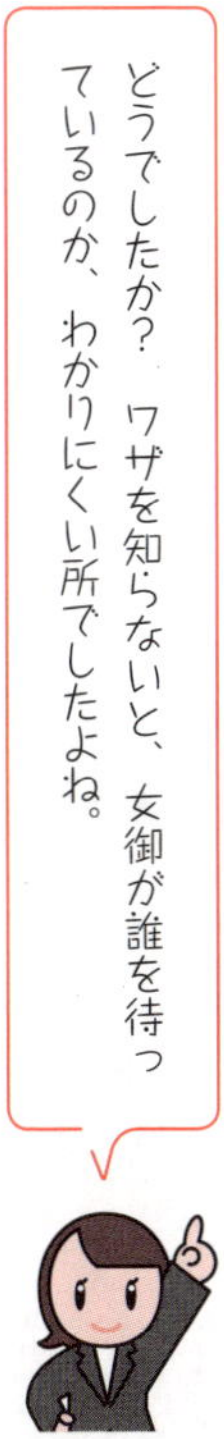
どうでしたか？ ワザを知らないと、女御が誰を待っているのか、わかりにくい所でしたよね。

ワザ17 作品別人物整理のワザ① 〈蜻蛉日記〉【パターン的中率85%】

「来た」と書いていない限り、兼家はいません！

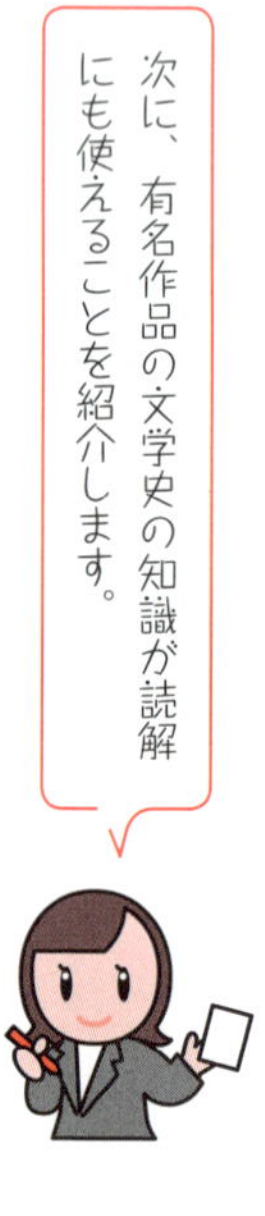
次に、有名作品の文学史の知識が読解にも使えることを紹介します。

〈例〉

十四日ばかりに、古き袍《うへのきぬ》（上着）、「これいとようして」など言ひてあり。「着るべき日は」などあれど、いそぎも思はであるに、使ひの、つとめて、「遅し」とあるに……

（蜻蛉日記）

『蜻蛉《かげろう》日記』は、**藤原道綱母《みちつなのはは》が、自身と藤原兼家《かねいえ》との結婚生活を書き綴った平安時代の日記**です。

現代人感覚で現場の状況をつかもうとしてしまうと、右の例文は、上着を手にした旦那さんが、奥さんに向かって「これキレイに直して」などと言っているシーンみたいですよね。

でも、待ってください。古文の時代（主に平安貴族）の結婚スタイルは、現代とは異なり、**「通い婚」**が**主流**です。「通い婚」というのは、**夫婦が別々に住み、男性が女性のもとに通う**結婚スタイルで、言い方を変えれば「別居婚」です。古文の時代にも、「同居婚」カップルはもちろんいるのですが少数派で、この道綱母と兼家も生涯《しょうがい》、「別居婚＝通い婚」スタイルのままです。「通い婚」の場合、男性が毎日女性のもとに通うなどということはまずありません。道綱母も「三日間も来てない」「十日間も連絡がない」などとしょっちゅう嘆いています。

さて、『蜻蛉日記』は道綱母が書いたものですから、主な舞台は**道綱母の邸《やしき》**です。兼家の邸ではありません。ということは、**「兼家が来た」と記してない以上、道綱母の邸には兼家はいない**、つまり、**本文中に兼家はいない**ということです！

先ほどの例文を見てください。「兼家が来た」と書いてありますか？……ないですよね。つまり、ここには**兼家はいない**のです。でも、「『言ひてあり』って書いてあるから、いるんじゃないの？」という疑問がわいてきますよね。

たしかに、「言ふ」という言葉が紛《まぎ》らわしいのですが、伝言の可能性もありますし、また「言ふ」には「手紙で書いて伝える」の意味もあるんです。ほら、現代語の「メールで言ったでしょ？」みたいな言い方と同じです。

「あり」も、そういうセリフがある、とか、そういう手紙がある（＝届く）という意味でも使いますから、これらの「言ふ」とか「あり」では、実際に**兼家が現場にいる証拠にはならない**ので要注意ですよ。

最後の方に、使者が登場していることでよりはっきりわかるように、ここは、兼家はその場にはいず、手紙を書いたか使者に伝言させたかで、道綱母に服の仕立て直しの依頼をしているシーンだったのです。読み取れたかな？

【例文図解】

十四日ばかりに、古き袍《うへのきぬ》（上着）、「これいとようして」など言ひてあり。「着るべき日は」などあれど、いそぎも思はであるに、使ひの、つとめて、「遅し」とあるに……

訳 十四日ごろに、古い上着を、「これを仕立て直して」などと（兼家が私に）言って寄こす。「着る予定の日は（いついつで……）」などとあるが、（私は）急いで（仕立てよう）とも思わずにいると、使者が、翌朝、（兼家からの伝言として）「遅い」と言うが……

「日記」ですから、作者は何も書いていなくても当然登場しています（ワザ13参照）。また、入試では、本文中に「兼家が来た」と書いてない代わりに、**前書きに書いてある**ことも注意してね。

ワザ18 作品別人物整理のワザ②〈枕草子〉【パターン的中率70%】

何も書いていなくても、中宮定子はいます！

（例）
五月《さつき》ばかり、月もなういと暗きに、「女房やさぶらひ給ふ」と声々して言へば、「出でて見よ。例ならず言ふは誰ぞとよ」と仰せらるれば、「こは、誰そ。いとおどろおどろしう、きはやかなるは」と言ふ。
（枕草子）

右の例文、「　」はそれぞれ誰の発言かわかりますか？

『枕草子《まくらのそうし》』は、**清少納言《せいしょうなごん》が、女房《にょうぼう》として中宮定子《ちゅうぐうていし》にお仕えする中での出来事や感じたことなどを書き綴った平安時代の随筆**（＝エッセイ）です。「女房」は「妻」じゃありませんよ。「女房」というのは、身分の高い人にお仕えし、身の回りのお世話やお客様への応対などをする女性の家来です。

清少納言は、「自分大好き人間」のようで、『枕草子』には、自分が褒《ほ》められた話が多くあります。また、中宮定子のことも単にご主人様というだけでなく、大好きなあこがれの人でもあったようで、たくさん書いてあります。

『枕草子』の中で入試頻出なのは、いわゆる「日記的章段」と呼ばれる箇所。〝日記的〟な箇所には、ワザ13でおさえたように、**作者自身はもちろん登場します**。でも『枕草子』では、清少納言は、女房として定子のもとに24時間住み込みで働く中で起こった出来事を書いているので、そこには、必ずといっていいほど**中宮定子もいる**わけです。作者に加えて中宮定子もレギュラーメンバーとして登場していることをしっかり覚えておきましょう。

すると、さきほどの例文は、次のように解釈できます。

【例文図解】

五月《さつき》ばかり、月もなういと暗きに、「女房やさぶらひ給ふ」と声々して言へば、「出でて見よ。例ならず言ふは誰ぞとよ」と仰せらるれば、「こは、誰そ。いとおどろおどろしう、きはやかなるは」と言ふ。

- 夜
- は
- 係り結び「～か?」と疑問で訳す
- 「声々(=口々)」なので複数の人達。作者でも定子でもないということ
- 複数で来訪した誰かが
- 主語かわる
- ので
- 命令形
- ワザ13 尊敬語不使用もヒント
- 私(=作者)が
- の
- 作者に命令。尊敬語使用もヒント
- 定子様が
- 尊敬語
- 主語かわる
- ので

訳 五月ぐらいのこと、月もなくとても暗い夜に、(来訪した誰かが)「女房はお控えしていらっしゃるか」と口々に言うので、「(あなた=作者が)出て見よ。いつもとは違って言うのは誰か?と思うのよ」と(定子様が)おっしゃるので、「これは、誰ですか。とても仰々しく、目立つ声で言うのは」と(私が来訪者に)言う。

それでは、ここで入試問題に挑戦してみましょう。ちょっと難しいかもしれないけど、ワザ15と16を使って、がんばってみて!

入試問題に挑戦！

次の文章は『大鏡』の中で夏山繁樹が語った昔話の一節です。これを読んで後の問いに答えなさい。

延喜（注1）の御時に『古今』（注2）抄せられし折、貫之はさらなり、忠岑や躬恒などは、御書所《みふみどころ》（注3）に召されて候ひけるほどに、四月二日なりしかば、まだ忍び音の頃にて、いみじく興じおはします。貫之召し出でて（X）、歌つかうまつらしめ給へり。

ことなつはいかが鳴きけむほととぎすこの宵《よひ》ばかりあやしきぞ無き

それをだにけやけきことに思ひ給へ（Y）しに、……（後略）

（注）1　延喜――平安前期の醍醐天皇時代の年号。
2　古今――古今和歌集のこと。
3　御書所――宮中で書籍の管理などをした役所。

〈東京女子大〔改〕〉

問　二重傍線部X・Yの主語は誰か、それぞれ答えなさい。

〈解答欄〉

X

Y

いかがでしたか？　入試問題の冒頭部分だけですから、本文量は少ないのですが、人物関連の読み取りがなかなか難しかったですよね？　では図解です。

問題文図解

延喜（注1）の御時に『古今』（注2）抄せられし折、貫之はさらなり、忠岑や躬恒などは、御書所《みふみどころ》（注3）に召されて候ひけるほどに、四月二日なりしかば、まだ忍び音の頃にて、いみじく興じおはします。貫之召し出でて、歌つかうまつらしめ給へり。

ことなつはいかが鳴きけむほととぎすこの宵ばかりあやしきぞ無き

それをだにけやけきことに思ひ給へしに、……（後略）

抄せられし：お作りになった
さらなり：いうまでもなく
召されて候ひける：お呼び出しを受けてお控えしていた
忍び音：時鳥の初音
つかうまつらしめ給へり：詠ませ申しあげなさった
ことなつ：他の夏は
けやけきこと：異例のこと

延喜（注1）→ワザ16→天皇がいるとつかむ
（注3）御書所→天皇に
頃にて、→天皇は
貫之召し出でて X：天皇が／を
出でて、→天皇は貫之に
歌→を
鳴きけむ→。
ほととぎす→が
あやしきぞ→ことは
貫之の歌→ことなつは…
思ひ給へ Y：私（夏山繁樹）が　ワザ15→前書きがヒント
それを：前のエピソードを指す→エピソードの切れ目！

設問の解き方

X　ワザ16を使用!

「延喜の御時」という表現で始まり、「御書所」という「宮中にある役所」(注3より)が舞台であることから、まずは**天皇が登場人物の一人であること**をつかみます。

「貫之召し出でて」の「召し出づ」は「呼び出づ」の尊敬語。「貫之**が**呼び出しなさった」か「貫之**を**呼び出しなさった」のか、悩むところですが、「貫之が呼び出しなさった」とすると、**誰を呼び出したのかがよくわかりません**。1行目に名前があがっていた忠岑か躬恒かとも考えられますが、それだと直後で歌を詠んだのがどちらなのかを特定できません。

ここで、天皇が登場人物の一人だったことを思い出してください。「天皇が貫之を呼び出しなさる」のなら、あり得る話ですし、天皇の動作にはどんな文章でもたいてい尊敬語が使用されていますから、敬語も問題ありません。今回の話を最終行で「異例のこと」と表現していることから考えても、ここは、**「天皇が貫之を呼び出しなさった」**が正解。特別な身分の天皇が、さほど身分の高くない貫之を呼び出して直接歌を聞いてくださるなんて、なかなかないことなんですよ。

Y　ワザ15を使用!

「思ひ給へ」の「給へ」は謙譲語。「けやけきことに思ひ給へし」は「異例なことに思いました」という訳になります。天皇がわざわざ貫之を呼び出して歌を詠ませ(て聞いてあげ)たことを異例だと思った、と感想を述べているところ。登場人物の誰かが思っている、と考えてしまったかな?

ここは**前書きがヒント**。『大鏡』なので、語り手(ナレーター)の存在を思い出しましょう。ちょうどエピソードが終わった直後に感想を述べているところですよ。

設問解答

X　醍醐天皇　Y　夏山繁樹（語り手）

現代語訳

醍醐《だいご》天皇の御治世に（天皇が）『古今和歌集』をお作りになった際、貫之は言うまでもなく、忠岑《ただみね》や躬恒《みつね》などは、御書所にお呼び出しを受けてお控えしていたときに、四月二日であったので、まだ時鳥の初音《はつね》の頃で、（天皇はその初音を）たいそう楽しんでいらっしゃる。貫之を（天皇が）お呼び出しになって、歌を詠ませ申しあげなさった。

他の夏はどのように鳴いていたのだろう。ほととぎすがこの宵《よい》ほど不思議な（ぐらい素敵に鳴くのを聞いた）ことはない。

そのことでさえ異例のことだと（私は）思いましたのに、……

テーマ2 主人公発見法

みなさんは、古文を読むときに、いつも主人公を意識して読んでいますか？　「んー……あんまり」なんて声が聞こえてきそうですね。「**古文では主語が省略されていることが多い**」という話を第一章でしましたが、実は、**その省略されている主語は、主人公の人物である可能性が最も高い**んですよ。

だって、考えてみてください。現代の映画だってドラマだって小説だって、主人公って最も出番が多いでしょ？　最初から最後まで出ずっぱり、なんてことも少なくありません。つまり、

話の中心人物
＝
主人公
＝
最も出番が多い
＝
主語の可能性も最も高い！

ということ。**主人公が誰かをつかんでおけば、主語の把握にも役に立つ**わけです。

ところが、この〝主人公〟をつかむのって文学史の知識だけで単純にできるものでもないんですよ。たとえば、「『源氏物語』の主人公は？」と問われたら、「光源氏」と答えますよね、普通。でも、入試などの問題として切り取られた本文に限って考えれば、光源氏が出てこない場面ということも多々あります。つまり、その場面での主人公は、光源氏以外の誰かということになる……。作品全体の主人公が、必ずしも、いま読解しようとしている本文の主人公とは言えないんですよね。

また、センター試験などでは、マイナー作品からの出題が多いのですが、そうした作品の場合、そのお話の内容に関する予備知識はゼロなわけですから、当然、主人公もその場で読み取らなくてはならない。

そこで！　**主人公発見のワザ**です。

ワザ19 主人公発見のワザ①【パターン的中率95%】

主人公は、最初から最後まで出ずっぱりの人物！

ワザ20 主人公発見のワザ②【パターン的中率70%】

主人公は、たいてい本文最初に登場！

要は、現代のドラマなんかと同じです。何年間にもわたって放映される連続ドラマなら、主人公の親の代から話が始まるなんてこともあるでしょうけど、30分完結で終わるドラマなら、モタモタしていたら時間がなくなっちゃいますから、たいてい主人公は最初から出てきますよね？　それと同じことです♪

入試で出題される本文量なんて、1~2ページ、相当長くても3ページでおさまるぐらいですから、30分もののドラマ同様、**主人公は冒頭場面からたいてい出てます**よ。

！ちょっと注意

ワザ20の的中率が少し下がるのは、話の手順上、**主人公の名前より前**に、誰天皇の時代の話かとか、誰の家で起こった出来事かといった**「いつ・どこで」を説明する本文**があって、その際に、**人の名前が出てきてしまう**ことがあるからです。本文冒頭あたりに何人か人物が登場していて、主人公がわかりにくかったら、他のワザを併《へい》用《よう》するとともに、**先にチラッとラストシーンを見てみる**、というテもあります。主人公は出ずっぱりなので、ラストシーンにもたいていいますから、「やっぱりこの人が主人公でいいんだな」と安心できますよね。

練習問題

次の文章の主人公を答えなさい。

（注1）進士の志《さくわん》 定茂《さだもち》といふ侍学生ありけり。承元二年十月二十八日、（注2）文殿《ふどの》の作文《さくもん》に参りたりけるに、夏の袍《はう》（上着）を着たりけるを見て、上下（身分の高い人も低い人も）わらふこと限りなし。定茂、我をわらふとは知りげもなくて、その日はやみにけり。後に、ある（注3）上達部《かんだちめ》のもとへ参じて申しけるは、「一日《ひとひ》（先日）、文殿の作文に、夏の袍を着て参りて侍りしを、人々見候ひて、『あまりに学問をして四季をだに知らぬやさしさ（四季さえわからない殊勝さよ）』といふ沙汰（噂）にこそ宣《の》りて候へ」と自讃しければ、聞くもの嘲哢する事限りなかりけり。

（古今著聞集）

（注）1　進士の志――「進士」は、式部省の登用試験に合格した人、「志」は検非違使《けびいし》庁の四等官のこと。
2　文殿の作文――「文殿」は、内裏にある、朝廷の公文書などを納めておく所。「作文」は漢詩を作る会。
3　上達部――三位以上の男性貴族。

〈解答欄〉

ワザを使えば、簡単でしょ？　せっかくだから、他の箇所の主語も確認しておきましょう。

図解

最初に出てきた人＝定茂←主人公！

進士の（注1）志定茂《さくわんさだもち》といふ侍学生ありけり。承元二年十月二十八日、文殿《ふどの》（注2）の作文《さくもん》に参りたりけるに、夏の袍《はう》（上着）を着たりけるを見て、上下（身分の高い人も低い人も）わらふこと限りなし。定茂、我をわらふとは知りげもなくて、その日はやみにけり。後に、ある上達部《かんだちめ》（注3）のもとへ参じて申しけるは、「一日《ひとひ》（先日）、文殿の作文に、夏の袍を着て参りて侍りしを、人々見候ひて、『あまりに学問をして四季をだに知らぬやさしさ（四季さえわからない殊勝さよ）』といふ沙汰（噂）にこそ宣《の》りて候へ」と自讃しければ、聞くもの嘲哢する事限りなかりけり。

定茂が／が／定茂が／時／の／が／は／皆が／定茂が／定茂が／私（定茂）が／が／定茂は／人々が／定茂が／定茂の発言を／は／が

最後のシーンにも定茂登場

答 定茂

訳 式部省の登用試験合格者で検非違使庁四等官（である）定茂という侍学生がいた。（定茂が）承元二年十月二十八日、文殿の漢詩を作る会に参上していたときに、（定茂が）（十月なのに）夏の上着を着ていたのを見て、身分の高い人も低い人も笑うことが限りない。定茂は、（皆が）自分を笑っているとは気づいている様子もなくて、その日は（何事もなく）終わってしまった。（定茂が）後に、ある上達部のもとへ参上して（定茂が）申しあげたことは、「（私が）先日、文殿の漢詩の会に、夏の上着を着て参上しておりましたところ、人々が（それを）見まして、『（定茂は）あまりに学問（ばかり）をして四季さえわからない殊勝《しゅしょう》さよ』という噂《うわさ》を（人々が）立てています」と自画自讃《じがじさん》したので、（そうした定茂の発言を）聞く者は（定茂を）嘲《ちょう》弄《ろう》することが限りなかった。

こうして見ると、いかに主人公が主語になる箇所が多いか、あらためて分かりますね！　主語の補いは、第一章のワザを用いて着実にできるようにしたいところですけど、「どうしても主語がわからない！」という文章に出会ってしまったら、**「たいてい主人公が主語じゃないのかな？」**とあたりをつけて補ってみる、というのも一つのテです。

ワザ21 主人公発見のワザ③

前書きが、誰中心に書かれているのかを見よ！

さて、入試では、古文の本文の前に、前書きがつくことがあります。その**前書きの書き方を注意深くみる**ことで、**話の中心人物＝主人公が見えてくる**こともあるんですよ。

例

次の文章は、『しら露』という物語の一節である。女君（しら露の君）と恋仲であった**男君は**、二人が兄妹であるという噂《うわさ》に惑わされて女君のもとを去った。女君が失意から志賀《しが》の地に身を隠した後に、**男君は**噂が間違いだったことに気づいた。以下の文章は、**男君が**偶然志賀を訪れた場面である。これを読んで、後の問い（問1〜6）に答えよ。

〈センター試験〉

『しら露』なんて作品、受験生にはなじみのない作品ですよね？　つまり**予備知識なしに、主人公を読み取る必要のある作品**です。前書きの情報から、『しら露』という作品名は「女君（しら露の君）」の名前に由来して、もしかしたら作品全体の主人公は女君の方かなーと想像できます。でも、注目は、**前書きの書き方**ですよ。赤字部分に注目してください（もちろん、もとのセンター試験は赤字ではありません）。

「（これこれこういう）**男君は**、（こういう事情で）女君のもとを去った。（これこれこうなった）後に、**男君は**（こんなことに）気づいた。以下の文章は、**男君が**（こんなことをした）場面である。」

前書きにはいろいろと書かれていましたが、こうして整理して見ると、**男君を中心に書かれた前書き**だとわかりますね。男君中心の前書きの書き方から続くこの本文もまた男君中心に書いてあることが類推できます。つまり、この場面は**男君が主人公**だということです。

こんなふうに、前書きから主人公をつかんでおけば、本文の最初から、男君を主人公として読解を開始できるわけですから、読解のスピードも変わってきますよ♪

！ちょっと注意

センター試験などの非常に長い本文の場合、**場面の転換に応じて話の中心人物が変わる場合もあります**。「男君は、これこれこうだった。一方、志賀では女君が……」といった感じの展開などです。

また、W主役といった書き方をしている本文もありますし、中心人物が、最初は親、次は長男、次は娘……というように次々変わっていくこともあります。少しずついろんなパターンになれていきましょう。

大きな声では言えないけど、大学入試の中には結構おおざっぱな前書きをつけているものもあるから、「ん!?」と思ったら前書きのワザと他のワザを併用してね☆

ワザ22 主人公発見のワザ④【パターン的中率90%】

日記・随筆では、作者が主人公！

みなさんはブログや日記を書きますか？　日記って、自分の身に起こったことや、自分の興味・関心のあることと、または、自分が考えていることなどを書きますよね。そう、「自分」を中心に。やっぱり古文でも同じです。

この章の最初で取り上げましたけど、古文にも**「日記」**というジャンルがあります。また、**「随筆《ずいひつ》」**という、現代のエッセイにあたるジャンルもあります。これらの作品は、たいてい現代の日記と同様に**「世界の中心は自分！」**という書き方をしています。

つまり、

日記・随筆では、作者が主人公！
主語になる可能性が最も高い！

ということです！

練習問題

次の文章を読んで、後の問いに答えなさい。

さても、「隅田川原《すみだがはら》近きほどにや」と思ふ(1)も、いと大きなる橋の、清水《きよみづ》・祇園《ぎをん》の橋の体《てい》なるを渡る(2)に、きたなげなき男二人会ひたり。「このわたりに隅田川といふ川のはべるなるは、いづくぞ」と問へ(3)ば、「これなむその川なり。……」など語れば……

（とはずがたり）

問一　傍線部(1)～(3)の主語は誰か。それぞれ答えなさい。

問二　波線部を、主語を明確にして現代語訳しなさい。

〈解答欄〉

問一

(1)

(2)

(3)

問二

まずは、**登場人物をピックアップ**してみましょう。
本文中にはっきりあらわれているのは、「**きたなげなき男二人**」だけですね。でも、**本文末に注目**です。この本文が**『とはずがたり』**だという情報があるのをしっかりキャッチできました？　『とはずがたり』は、ワザ13の説明の中でも触れたように、「日記」です。ということは、**作者が登場人物の一人**になるんでしたよね？

つまり、この本文には、

①作者

②きたなげなき男二人

がいることになります。

さあ、埋もれていた登場人物もしっかりピックアップできたところで、問一です。主語の問題ですが、傍線部(1)・(2)の前には、人物らしき記述はありませんね。そこで、思い出したいのが、**ワザ22！　日記の作者＝主人公＝主語の可能性が最も高い人物**、なんですから、傍線部(1)・(2)はどちらも、**作者が主語の可能性大！**と判断します。「……『隅田川原は近いあたりであろうか』と私（＝作者）が思いながらも、とても大きな橋で、（京の）清水《きよみず》・祇園《ぎおん》の橋のような橋を私（＝作者）が渡ると……」という感じです。先を読み進めて行っておかしくなければ、正式に「これでヨシ！」となります。傍線部(3)の説明は、問二の後にしますね。

では、問二です。今度は、「きたなげなき男二人」という人物の記述があるのですが、助詞がないので、

「きたなげなき男二人**が**」なのか、「きたなげなき男二人**に**」なのかが、わかりません。そこで、先ほどと同様に、**日記＝作者が主人公＝主語の可能性大**、から、「**私（＝作者）が**きたなげなき男二人**に**会った」と解釈します。

「そんなに安易に決定していいのかな？」って心配になりますよね？　じゃあ、他の可能性も含めて検証してみましょう。まず考えられるのは、作者と男二人以外にさらに別の人物が実はいるのでは？というケースですね。

・きたなげなき男二人**が**（**作者以外の誰かに**）会った。
・きたなげなき男二人**に**（**作者以外の誰かが**）会った。
　→日記は、作者が自ら見たり聞いたりしたことを書いたもの。作者がかかわってないコトは原則書けないので、これらは2つとも×。

次に作者と男二人の主語と目的語を逆にしたケースです。

・きたなげなき男二人**が**（**作者に**）会った。
　→これは、書けない内容ではないけど、「男二人」を中心に据《す》えて書く理由がない。基本的な日記の書き方は、「世界の中心は自分！」なので、これも×。
・きたなげなき男二人**に**（**作者が**）会った。
　→これなら、作者がかかわる内容だし、作者中心の書き方なので、日記として一番自然な解釈。先を読み進めて、不都合がない限り、これが**正解！**

ちなみに「**きたなげなき**」は、「**見苦しい感じがしない・こざっぱりしている・こぎれいだ**」という意味の形容詞です。

最後に、傍線部(3)の主語ですが、これも傍線部(1)・(2)同様、**作者が主語**です。波線部の解釈に自信があれば、ワザ7を利用して、前文と同じ作者が主語、と判断してもいいですよ。

ここまで主語＝作者が続くと、「日記の主語は全部作者？・」なんて誤解されそうですが、もちろん、そんなことはありません。たとえば、傍線部(3)直後の**接続助詞「ば」で主語が変わり（ワザ6）**、「これなむ……」などと語ったのは「きたなげなき男二人」です。日記では、作者が主語になることが多いのは確かですが、**全部ではありませんよ！**

＋プラスアルファ α

日記に記す内容って、たとえば好きな人ができたりすると、自分のことはそっちのけで、その人のことばかり書いちゃうなんてことがありますよね♪　古文の日記・随筆でもそれに近いことが起こっている作品があります。

たとえば、『蜻蛉日記』では夫藤原兼家のこと、『讃岐典侍日記《さぬきのすけにっき》』では堀河《ほりかわ》天皇のことばかりと言っていいほど、彼らについて書き綴《つづ》っています。もちろん、自分とのかかわりの中で書くので、作者が主人公である点に変わりはないのですが、話題の中心人物として、ぜひ意識しておきましょう。

図解

さても、「隅田川原《すみだがはら》近きほどにや」と思ふ(1)も、いと大きなる橋の、清水《きよみづ》・祇園《ぎをん》の橋の体《てい》なるを渡(2)るに、きたなげなき男二人　会ひたり。「このわたり（あたり）に隅田川といふ川のはべるなる（あると聞きます）は、いづくぞ」と問へ(3)ば、「これなむその川なり。……」など語れば……

私（作者）が
で
私（作者）が
橋
ここは主語かわらない
に
私（作者）が
が
の
男二人が
が
私（作者）が

答
問一　(1)～(3)全部、主語は「作者」
問二　私は、こざっぱりした男二人に会った。

訳　ところで、「隅田川原は近い辺りであろうか」と（私は）思いながらも、とても大きな橋で、（京の）清水・祇園の橋のような橋を（私が）渡ると、（そこで）こざっぱりした男二人に（私が）会った。「このあたりに隅田川という川があると聞きますのはどこ?」と（私が）質問すると、「これがその川である。……」などと（男二人が）語るので……

テーマ3 人間関係を整理する

古文では、同一人物でも本文の途中で呼び名が変わったり、別人物でもすごく似通《にかよ》った名前だったり、ということがよくあります。そのせいで、誰が誰だかわけが分からなくなりそうになった経験、ありませんか？

本文を読解するときには、人物だけでなく、重要単語や文法のことも考えながら読むわけですから、頭の中だけで人物関係を整理しようとすると、どうしてもミスがおこりがちです。

そこで、今回は**登場人物の整理整頓の仕方**と、**同一人物を正しく見抜くワザ**を勉強しましょう。まずは、人物整理法の大基本、ワザ23です！

ワザ23 登場人物を整理するワザ①

主要人物は、ピックアップして余白に書き出す！

＋

〈コツ〉

❶できるだけ**詳しい呼び名**を書き出す
❷**呼び名が大きく変わったらそれも書き加える**
❸親子・恋人・ライバルなどの関係がわかれば、**系図化**する
❹**前書きや（注）にある人物情報**も有効利用

〈コツ❶〉できるだけ詳しい呼び名を書き出す

これは、**省略したいろんな呼び名が出てきても同一人物だと把握しやすくするため**です。

たとえば、『保元物語《ほうげんものがたり》』に「秦野次郎延景《はたのじろうのぶかげ》」という人物が出てきます。ある所では「秦野」と呼ばれ、あるところでは「延景」と呼ばれたりします。うっかりすると、別人物と思いこんでしまうところですが、「秦野次郎延景」と書き出しておけば、省略の箇所が違うだけで同一人物だな、とすぐに気づけますよね。

〈コツ❷〉呼び名が大きく変わったらそれも書き加える

これは、**同一人物なのに別人物と取り違えないため**です。

古文では、本文中、同一人物でもかなり頻繁《ひんぱん》に呼び名が変わります。特に、男性貴族は、名前ではなく官職名で（「道長殿」ではなく「大臣殿」という感じ）記されるのが普通なので、昇進するごとに呼び名も変わっていきます。変わった時点で、自分で作った人物メモに書き加えましょう。

〈コツ❸〉系図化する

パッと見でわかりやすくして**時間短縮をはかりましょう**。

〈コツ❹〉前書きや（注）にある人物情報も有効利用する

前書きや（注）には、本文中に省略した呼び名しかあらわれない人のフルネームや、別の呼び名を整理して記してくれている場合があります。また、親子・恋人などの関係も書いてあることが多いので、見のがさずに利用しましょう。現代語で書いてあるんですから、古文で書いてあるところから読みとるより、断然**わかりやすいし、早い**ですよ。

プラスアルファα

男性貴族は名前ではなく官職名で呼ぶ、と言いましたが、次のような場合は名前を呼び捨てで使うことがあります。

①自分で自分のことを言う場合
②直属の部下のことを言う場合

現代で、男の子が自分のことを「だって、タカシがやりたいんだもん！」とかなんとか言ったら、ちょっとビミョーな感じがしますけど、古文ではよくあります。現代語感覚で、「男が自分のことを名前では言わないよなあ」と思い込んで読解しようとすると、会話主を間違えてしまうので、気をつけてくださいね。

人物を余白に書き出すのを面倒に思っちゃダメですよ！ 入試は、時間との戦いでもあります。「この人だれだったかな……」と本文をさかのぼって探すのに比べれば、人物をメモに書き出す方が時間は少なくて済むんです！ さっきお話ししたミスを防ぐという観点から言っても、メモに書き出す一手間《ひとてま》をぜひ惜《お》しまないでくださいね。

＋プラスアルファ α

『平家物語』や『太平記』などの軍記物語の場合、親子・兄弟といった血縁《けつえん》関係で系図を作るよりも、**敵・味方でグループ分けをした方が有効**です。

軍記物語は、実際に起こった合戦を中心に描いた作品なのですが、戦乱の世では、親と子が敵・味方に分かれて戦ったり、兄弟間で戦ったりということがありました。ほとんどの場合が、親子・兄弟といったことよりも、敵か味方かを重視して行動するので、軍記物語の場合は、次のように人物をピックアップしていくといいですよ。

- **敵味方でグループ分け**をする。
  →日本史の知識というよりは、前書きや（注）、本文の内容から敵・味方をつかみます。
- 羅列《られつ》された名前の中にだけ出てきて二度と出てこないような、**一回限りの登場の人（＝つまり脇役）はピックアップしない。**
- **戦《いくさ》の前か最中か後か**をチェックする。
- **勝負がわかっていれば、それも記す。**

同じ「立て！」の一言でも、敵に言うのか味方に言うのか、あるいはまた、戦を仕掛けるときか、負けて逃げるときかで、意味合いが変わります。人物に加えて戦況もつかんで読解に生かしましょう。

ここで、平安時代の男性貴族の官位について確認しましょう。次ページを見ておいてください。

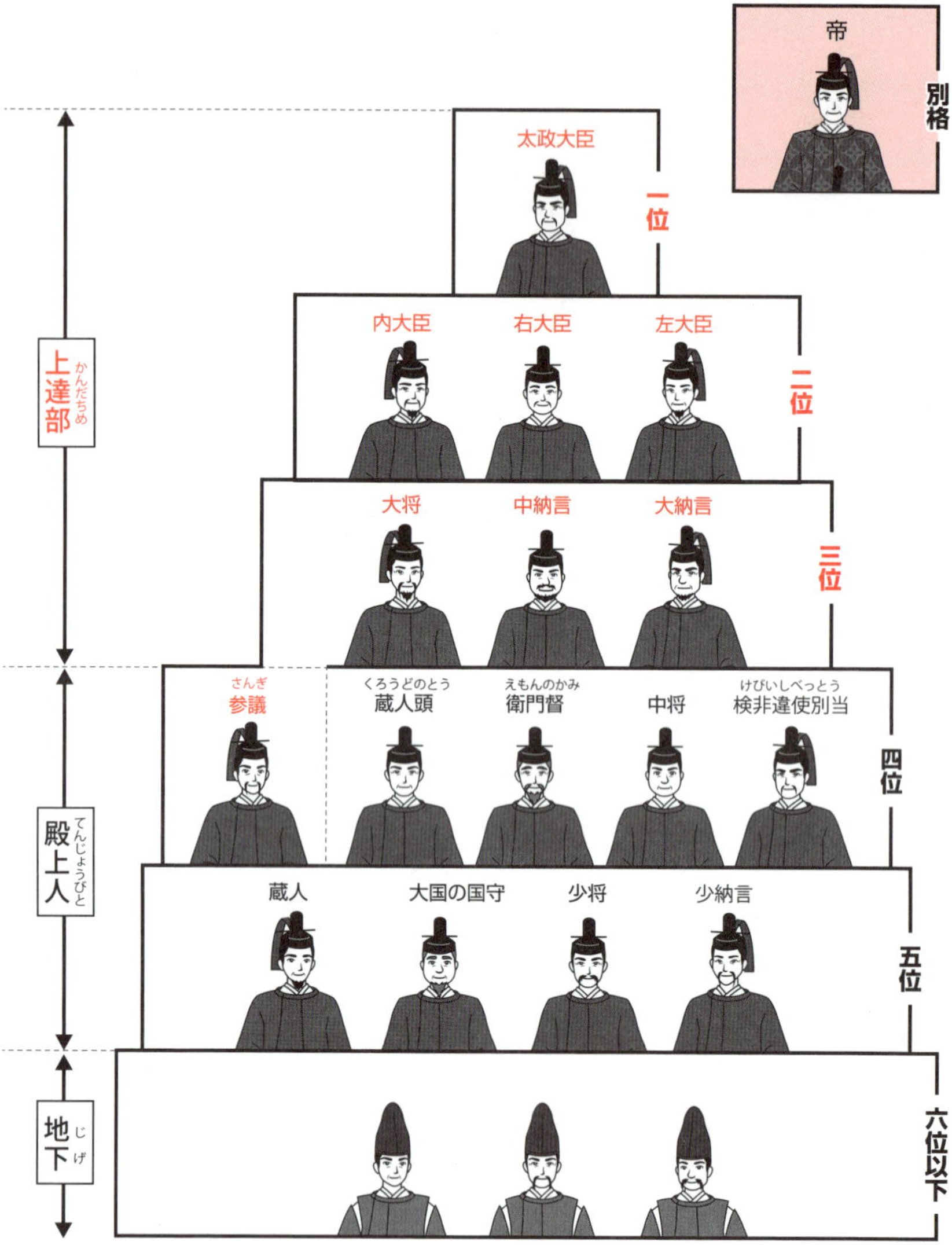

〈注〉参議は四位ですが「上達部」です。

ワザ24 登場人物を整理するワザ②
用語に注意して立場をつかめ！

さて、古文には、**天皇やそのご一家がよく登場します**。立場によって呼び名が変わるのは、天皇を始めとする**皇族も例外ではありません**。次にまとめてみましょう。

【天皇】

生まれたときは…
宮《みや》

↓

そこから選ばれる皇太子が
東宮《とうぐう》

↓

前天皇の引退を機に天皇に…
帝《みかど》・内《うち》

↓

↓

↓

「宮《みや》」は皇族全般を指す言葉で、男女共に用いられます。生まれた順により、長男を「一の宮」、次男を「二の宮」、長女を「女一の宮」、次女を「女二の宮」のように表したり、「若宮」「姫宮」「落葉の宮」など、さまざまな言葉とドッキングして用いられたりもします。男の貴族を「親王《みこ》」、女の貴族を「内親王《ないしんのう》」ともいいます。

「東宮《とうぐう》」は「春宮《とうぐう》」とも書き、**次期天皇を約束された皇太子のこと**です。男性皇族の中から選ばれます。

「帝《みかど》」は「今上帝《きんじょうてい》・主上《しゅしょう》」などとも言い、**最も身分が高く**（というか、別格！）、**政治のトップ**でもあります。古文世界の天皇は、**たいてい若い**（**場合によっては幼い**）ので、おじいちゃんをイメージすると「あれ？ 何かヘン」となる場合があるので、間違えないでね。

その後、**天皇の位を退く**（**＝現役を引退する**）と、**「院《いん》・上皇《じょうこう》」**と呼ばれます。現代では、天皇がお亡くなりになるのを機に新天皇に交代しますが、古文世界では、元気な内に引退することがほとんどです。

さらに、**上皇が出家《しゅっけ》する**と、**「法皇《ほうおう》」**と呼ばれます。

古文の世界では、皇族・皇太子・天皇だけでなく、〝もと天皇〟もこの世にいて、たくさん登場するので気をつけてね。

【天皇の妻たち】

↑

古文は、一般的に一夫多妻の結婚スタイルですから、**天皇にも何人かの妻がいます**。女性たちは、結婚当初は、父親の身分に応じて**「女御《にょうご》」**または**「更衣《こうい》」**と呼ばれ、宮中にそれぞれ部屋をもらって暮らします。

その後、その中から（たいてい女御の中から）「この人こそ！」という人が選ばれ、**「后《きさき》・中宮《ちゅうぐう》」**となります。選ばれる基準は、愛情だけでなく、その女性のバックに控える父親たちの権力もおおいに影響しました。

その他、天皇の妻を表す呼び名としては、**「御息《みやす(ん)》所《どころ》」**があります。「御息所」は、妻の序列を明確に表すものではなく、天皇（東宮）の妻全般の別称、特に天皇の子を産んだ女性の呼び名として多く用いられたようです。

さらにまた、**「尚侍《ないしのかみ》」**という立場の女性も、場合によっては天皇の妻のような感じで登場します。本来、「尚侍」は、天皇にお仕えする「内侍司《ないしのつかさ》」という役所（職員全員、女性！）所属の女性公務員トップをあらわす呼び名です。でも、天皇のおそば近くで働くことから、結果的に天皇の妻になる場合が少なくありませんでした。

ところで、一般貴族のご家庭ではどのような呼び名が用いられていたのでしょう。

【一般貴族】

赤ちゃん誕生
若君《わかぎみ》
＊男女とも使用可

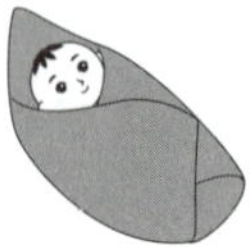

息子
若君《わかぎみ》・男君《おとこぎみ》

娘
姫君《ひめぎみ》・女君《おんなぎみ》

↓

男の子兄弟
太郎君（長男）
次郎君（次男）
三郎君（三男）
…

↓

元服（＝男の子の成人式）を終えると
社会人デビュー
中将殿《ちゅうじょうどの》
少納言殿《しょうなごんどの》
などと官職名で呼ばれるのが普通です

↓

女の子姉妹
大君《おおいぎみ》（長女）
中の君（次女）
三の君（三女）
…

↓

結婚をして、
正妻になると
北の方《きたのかた》

↓

出家すると
尼君《あまぎみ》

郵 便 は が き

料金受取人払郵便

新宿局承認

7854

差出有効期間
平成27年10月
31日まで切手
をはらずにお
出し下さい。

期間後は切手をお貼り下さい

160-8791

8 4 3

(受取人)
東京都新宿区新宿 1-10-3
太田紙興新宿ビル

㈱語学春秋社
読者アンケート係 行

フリガナ
(お名前)

(性 別) 男・女 (年齢) 歳

(ご住所) 〒 -

一般社会人(ご職業) □TOEIC・TOEFLで( )点をクリア
□英検で( )級を取得している

高校生・高卒生(学校名 高校 年生・卒)
(志望大学) 大学 学部

中学生・小学生(学校名 中学校・小学校 年生)
(志望校) 立 高等学校・中学校

読者アンケート

弊社の出版物をご購読いただき，まことにありがとうございます。お寄せいただいたアンケートは，弊社の今後の出版に反映させていただきます。

①ご購入の本のタイトル

ご購入の書店名(　　　　　　　　　　　)・ネット書店(　　　　　　　　　　)

②本書ご購入のきっかけは何ですか？

1. 本の(著者・内容・価格)がキメ手となった
2. 著者・学校の先生・塾の先生・友人・その他 のすすめ
3. 広告を見て(　　　　　　　　　　　新聞・雑誌・ネット・テレビ)
4. 小社ホームページ(goshun.com)・Facebookを見て

③本書をご購入してのご感想

1. タイトル（良・普・悪）　2. カバーデザイン（良・普・悪）
3. 内　容　（良・普・悪）　4. 価　格（安い・妥当・高い）
5. 見やすさ（良・普・悪）　6. 難易度（難・普・易）

＊4.で「高い」と答えられた方は，ご希望の価格をお聞かせください。[　　　　　円]

本書をお読みになってのご感想・ご意見・ご要望をお聞かせください。

◆学習参考書のカバー，表紙，本文などについて，どのようなデザインを希望されますか？

■このはがきにご記入の個人情報を小社から皆さまへの出版物・サービス等に関するご案内やアンケート等に利用させていただいてよろしいでしょうか？

実名で可・匿名で可・不可

「若君《わかぎみ》」という言葉は、男女ともに使用されます。ただ、「若君と姫君」のように対《つい》で使うときには、「若君」は男の子、「姫君」は女の子を指します。

女の子は成長するにつれ、「姫君」よりも**「女《おんな》君《ぎみ》」**と呼ばれることが増えていきます。大人の女性、という感じです。そして、結婚し、正妻《せいさい》におさまると**「北《きた》の方《かた》」**、出家をすると**「尼君《あまぎみ》」**などと呼ばれます。

＋プラスアルファ α

軍記物語では、「源太郎義平」のように、「太郎」「次郎」といった言葉が、まるでミドルネームのように用いられています。でも、これは、先ほどの兄弟を表す呼び名と同じで、厳密には名前ではなく、「源さんちの長男の義平」という意味合いで用いられているものです。

女房（＝身分の高い方にお仕えする、働く女性）は、普通、身内男性の官職名などを用いて、職場での呼び名としていました。たとえば、「清少納言」は、「清原さんちの少納言の地位にある人」の親戚縁者《しんせきえんじゃ》、というところからのネーミングです。必然的に、男性を指す呼び名と似てしまうので、本文の読み取りの際には、**男性なのか女性なのかに気をつけましょう。**

練習問題

次の文章を読んで、後の問いに答えなさい。

いま一所《ひとところ》の姫君は、円融院《ゑんゆうゐん》の御時、梅壺女御《うめつぼのにょうご》と申して、一の皇子《みこ》生まれ給へりき。その皇子五つにて東宮《とうぐう》に立たせ給ひ、七つにて位につかせ給ひにしかば、御母女御殿、寛和二年七月五日、后に立たせ給ひて、中宮《ちゅうぐう》と申しき。

（大鏡）

問一 傍線部A「姫君」と同一人物をあらわす語を本文中からすべて抜き出しなさい。

問二 傍線部B「一の皇子」と同一人物をあらわす語を本文中からすべて抜き出しなさい。

〈解答欄〉

問一

問二

これは、藤原兼家の娘について述べている場面で、長女の説明に続いて「いま一所の姫君は（＝もうお一《ひと》方《かた》のお嬢様は）」と語り出している箇所です。**立場の変化に応じて呼び名が次々に変わっています。**本文の流れに即して整理してみましょう。

姫君 → 梅壺女御 → 御母女御殿 → 后・中宮

※ここは「皇太后《こうたいごう》」（＝今の天皇の生母）の意味。

一の皇子・皇子 → 東宮 → （天皇）

※「位につく」とは、天皇になるということ。

この姫君は、「円融院の御時（＝円融院が天皇として世を治めていらっしゃったとき）」に「梅壺女御」と申しあげた天皇の妻だった、というのですから、円融院（円融天皇）とは夫婦です。

その2人に、「一の皇子」が生まれます。「皇子」は「親王」や「宮《みや》」と同じで、皇族のことです。ここは、後に東宮《とうぐう》・天皇になったとあるので、男性皇族と判断できますね。

「一の皇子」は「一の宮」と同じで、「一番目に生まれた皇族」、つまりここでは長男ということです。

今回は前書きがありませんから、本文を読み進めていく中で、出てきた人物をピックアップし、本文の人物情報をもとに整理していきます。たとえば、こんなふうに……（次ページ参照）。

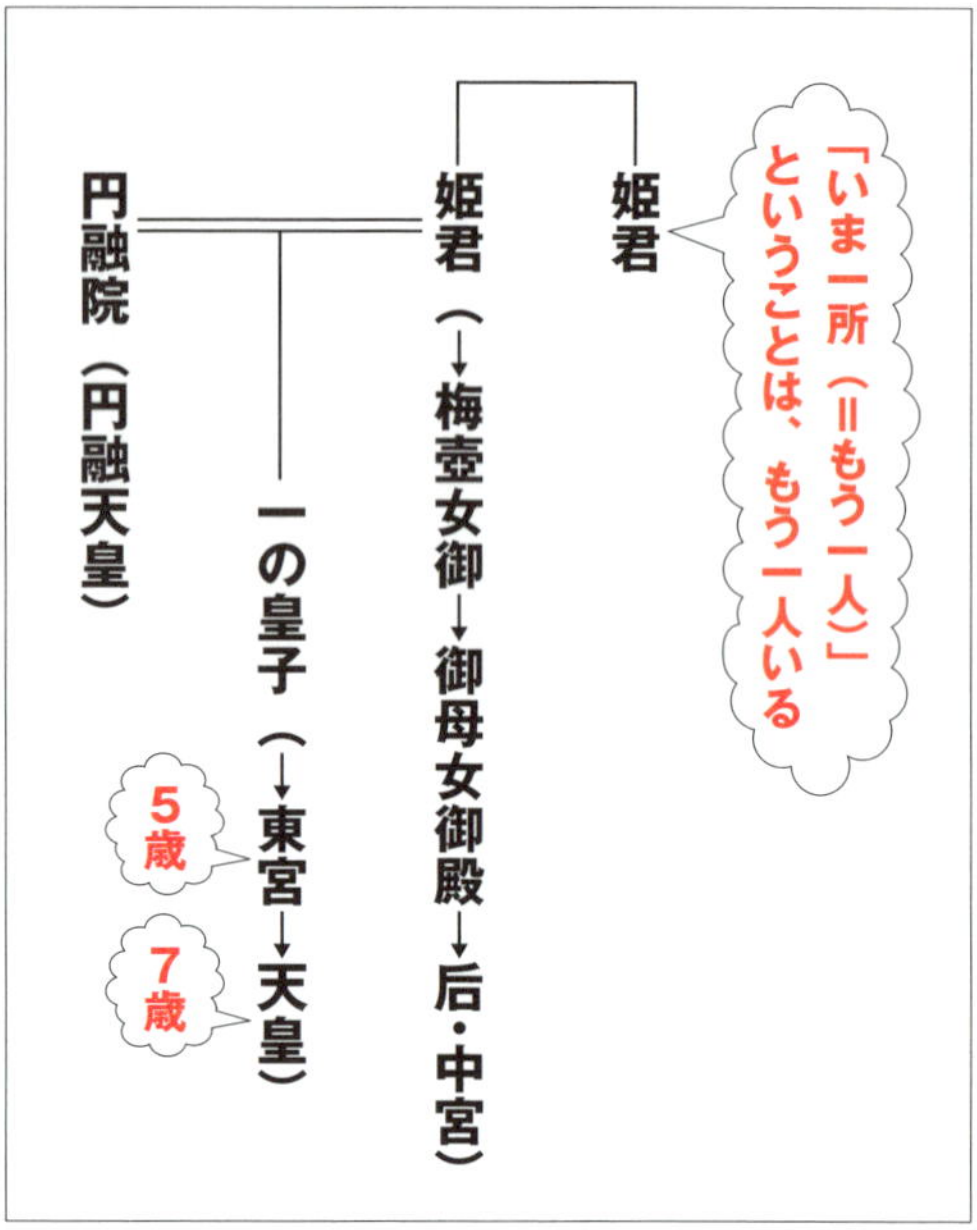

系図の書き方は、横二重線は夫婦、縦一重線は親子、姫君2人のように横一重線でつなぐと兄弟姉妹をあらわします。それ以外は、自分でわかりやすいように書いていけばOK！　私はよく黒板に、片思いの関係は矢印とハートマーク、主従関係は点線矢印などを使っています♪

図解

いま一所《ひとところ》の姫君A は、円融院《ゑんゆうゐん》の御時、梅壺女御《うめつぼのにょうご》と申して、一の皇子《みこ》B 生まれ給へりき。その皇子五つにて東宮《とうぐう》に立たせ給ひ、七つにて位につかせ給ひにしかば、御母女御殿、寛和二年七月五日、后に立たせ給ひて、中宮《ちゅうぐう》と申しき。

に　母　と　息子　が　天皇の　は　が　ので

答

問一　梅壺女御・御母女御殿・后・中宮

問二　（その）皇子・東宮

訳

もうお一方の姫君は、円融院の御治世に、梅壺女御と申しあげて、ご長男がお生まれになった。その皇子が五歳で東宮にお立ちになり、七歳で帝位におつきになったので、御母女御殿は、寛和二年七月五日、立后《りつごう》なさって、中宮と申しあげた。

さあ、ここまで読み進めてきたキミなら、「だいぶ古文の人達に関する知識が身についたぞ」なんて、実感もあるんじゃないかな？　埋もれた人物もピックアップできるし、出てきた人物の関係を整理することもできる！　でも、もしかして、もれなく人物をピックアップできるからこそ、主語などを考えるときに、候補がたくさんいすぎて、かえって迷うのだとしたら、それは逆効果ですよね。

そこで、第二章の最後は、人物をピックアップしたその先の「実戦ワザ」です。

ワザ25 登場人物しぼりこみのワザ①【パターン的中率70％】

1シーンの登場人物は、せいぜい2～3人！

ピックアップした人物が、一度に全員出てくるなんて、そもそも全登場人物がごく少数の場合を除き、ありません。一場面一場面には、**せいぜい2～3人が出てくるだけ**ですから、「今そこに誰がいるのか」を意識して読めば、自然と主語などの候補はしぼられます。

ワザ26 登場人物しぼりこみのワザ②
その場にいる人と別の場所にいる人を区別せよ！

ワザ27 登場人物しぼりこみのワザ③
その場にいる人と話題にのぼっているだけの人を区別せよ！

ワザ28 登場人物しぼりこみのワザ④
現在いる人と、過去の人を区別せよ！

つまり、登場人物をふるいにかけて、**そのシーンにいる人だけをしぼりこめ！**ということ。たとえば、いないはずの人が、その場で行動したらヘンでしょ？ 話題に出ているだけの人が、その場で行動してもヘンでしょ？ 過去の思い出のシーンのみで出てくる人が、現時点で行動してもヘンでしょ？ 主語や目的語になり得ない人物をあらかじめ排除しておくことで、より早く的確に読解できる、というわけです。

それでは、第二章はこれで終わります。

第三章 状況把握法

何がどうなっているの？

舞台に注目してみよう！

さて、今度は、**本文がどういう場面でどういう状況なのかを把握するワザ**を学びましょう。第一・二章では、人物、言わば、俳優陣について見てきたとするならば、この章では、**舞台設定・カメラワーク**に注目です。

テーマ1 舞台を意識せよ！

そのシーンの舞台、つまり現場がどこかを意識すると、いろいろとわかることがあります。たとえば、**登場人物！** 仮に、「自宅」をお話の舞台だとしましょう。「自宅」に現れそうな人物は、「自分、家族、仲のいい友だち、ご近所さん……」。現代だって、結構限られると思いませんか？ 知り合いでもない人は、普通来ませんし、知り合いでもそんなに仲良くなければ来ないですよね。

古文のお話だって同じです。よほど奇想天外《きそうてんがい》なお話じゃなければ、**舞台・現場がどこかを把握《はあく》**すれば、そこから**登場人物が限定できる**んです。登場人物がしぼられれば、**主語だって特定しやすくなります**よね。さらに、**時間帯も把握**できれば、**何を目的に訪問したのか**、想像できるケースも出てきます。**舞台上の位置関係**で、**男女の親密度**だってわかってしまうんですよ。これはもう、舞台をおさえないテはないですよね。

さて、どこが舞台なのかは、もちろん本文によってそれぞれ異なります。本文中のどこかにそうした情報が書いてあることが普通ですが、作品によってはその作品名だけでほぼ特定できるものもあります。

ワザ29 舞台特定のワザ①【パターン的中率70%】

働く女性が作者のノンフィクション作品（日記・随筆）なら、職場が舞台！

ワザ30 舞台特定のワザ②【パターン的中率80%】

〝専業主婦〟が作者のノンフィクション作品（日記・随筆）なら、自宅が舞台！

古文の世界の女性は、外をうろつくことはほとんどありません。外出するとすれば、年に数回、お寺参りかお祭り見物に行く程度。高貴な女性であればあるほど、人目を気にして、自宅の庭でさえも、気軽に出ることはありません。

それは有名な作品を残している女性作者たちだって同じこと。女房として働く女性は、住み込みで働いている職場にたいていいますし、〝専業主婦〟なら自宅にいつもいます。つまり、そうした**彼女たちが普段いる場所こそが、日記や随筆の舞台となる**のです。**『枕草子《まくらのそうし》』**なら、作者清少納言《せいしょうなごん》の職場である**中宮《ちゅうぐう》定子《ていし》のいる所**がお話の舞台になりますし、**『蜻蛉《かげろう》日記』**なら、作者**藤原道綱母《ふじわらみちつなのはは》の自宅**がお話の舞台になる、ということです。

では、この情報がどう読解に生きるのか、やってみましょう。

練習問題

次の文章中にある傍線部(1)・(2)の主語は誰か、それぞれ答えなさい。

かくありきつつ、絶えずは来(1)れども、心のとくる世なきに、荒れまさりつつ、来ては気色悪《けしきあ》しければ、「(注)倒るるに立山《たちやま》」と立ち帰る(2)時もあり。

（蜻蛉日記）

（注）「倒るるに立山」――「倒る」には「閉口する」意がある。険しい立山（現在の富山県にある立山《たてやま》）は登る人が倒れてもなお立っていることから、閉口して立って出て行くことを戯《たわむ》れ半分に言ったもの。

〈解答欄〉

(1)

(2)

まず、『蜻蛉日記』は、**〝専業主婦〟**藤原道綱母が作者ですから、**作者の自宅が舞台**です。そして、日記なので、**作者は登場人物の一人**としてピックアップしておきましょう（ワザ13）。

では傍線部(1)です。舞台である作者宅に「来る」というのだから、作者自身ではありませんね。そこに住んでいる人は、自宅に「来る」という言い方はしませんから。では、誰が来たのか？ **「絶えず」**来るとあることに注目です。それほど頻繁《ひんぱん》に来るということは、作者と相当**親密な関係の人**のはずです。そうなると、ワザ17でも押さえたように、この人物は夫**兼家**《かねいえ》と考えるのが自然ですね。作者と兼家は夫婦ですが、同居婚ではなく通い婚なので、夫兼家は「来る」なんです。

傍線部(2)も同じです。作者宅が舞台で作者はそこにいるのですから、作者は「帰る」ことはしません。来た人が帰ると取るのが自然ですから、主語は兼家です。

図解

兼家は　かくありき（出かけ）つつ、兼家は　絶えずは私のもとに　**来れ**(1)ども、私は　心のが　とくる（うちとける）世は　なきに（ので）、2人の関係は　荒れまさりつつ、兼家が　**来**ては私は　気色《けしき》悪《あ》しけ（機嫌が悪い）れば、「倒るる(注)に立山《たちやま》」と兼家が　**立ち帰る**(2)時もあり。

答　(1)・(2)とも、主語は「兼家」

訳　（兼家は）このように（他の女性のもとに）出かけつつも、（兼家は）絶えず（私のもとにも）来るけれども、（私は）心がうちとけるときはないので、（2人の関係は）ますます荒れていき、（兼家が私のもとに）来ては（私は）機嫌が悪いので、「倒れても立山」と（冗談を言いながら、兼家が）帰るときもある。

それほど難しい単語はありませんから、（注）さえ使えば、うまく訳せそうなんだけど、主語がわからないとさっぱり状況がつかめないという本文です。でも、こんなふうに、舞台と表現をリンクさせると、具体化ができるんですよ♪

いろいろあっても兼家は作者のもとを訪《おとず》れる、でも作者が拗《す》ねてるから兼家は帰っちゃう、夫婦の心のすれちがいのシーンでした。

プラスアルファα

働く女性も、たまには里帰りをします。つまり、舞台が職場ではなく、実家のときも出てきます。外出しない当時の女性でも、場合によっては旅をすることもあります。つまり、**舞台が自宅以外になることもあり得ます**。そうした例外は、**本文中の表現**だけでなく、普通、**前書き**などにも情報があります。ワザを頭に入れつつ、「ここではどうかな？」のチェックを怠《おこた》らないようにしてくださいね。

テーマ2 位置関係を意識せよ！

ワザ31 位置関係から状況をつかむワザ

登場人物の位置関係をチェックして、〝見える〟範囲を特定せよ！

舞台を意識することに加えて、わかる範囲で、**登場人物の位置関係も意識してみましょう。**特に、姿が見えているのか見えていないのか、はポイントです。

（例）

次の文章は、光源氏がある邸に初めて泊まった夜の場面です。

（源氏は）やをら起きて立ち聞きたまへば、ありつる（先ほどの）子の声にて、A「ものけたまはる。（もしもし）いづくにおはしますぞ」と、かれたる声のをかしきにて言へば、B「ここにぞ臥したる。客人《まらうと》は寝たまひぬるか。……」と言ふ。寝たりける声のしどけなき、いとよく似通ひたれば、妹（姉）と聞きたまひつ。

（源氏物語）

A・Bの会話文を、「源氏に話している」とか「源氏が話している」などと誤解しませんでしたか？　冒頭にあるように、源氏は「立ち聞き」しているところです。周囲の人間に気づかれては「立ち聞き」になりません。したがって、会話をしている人達は、源氏が立ち聞きしていることに気づいていないと考えるのが自然でしょう。

Bで「ここにぞ臥したる（＝ここで横になっている）」とあるのも、源氏のことではありませんよ。なぜなら、続く「客人《まらうと》は寝たまひぬるか」の「客人」こそが源氏のことで、「客人（＝源氏）はお休みになったのか?」と聞いているのですから、源氏がどこで何をしているのか分かっていない人の発言だと判断できますね。

また、源氏がBの会話主でもないですよ。「ボクはここにいるよ」と言ってしまったら「立ち聞き」の意味がなくなりますからね。

＋プラスアルファ α

さきほどの本文では、天下の光源氏さまが「立ち聞き」をしていました。古文では、特別悪いことをしているという感じでもなく男の子たちが立ち聞きやのぞき見をしているシーンがよく出てきます。もちろん、現代ではアウトですからね!

例文図解

（源氏は）やをら起きて立ち聞きたまへば、**ありつる《先ほどの》子の声にて**、A「ものけたまはる《もしもし》。いづくにおはしますぞ」と、かれたる声のをかしきにて言へば、B「ここにぞ臥したる。客人《まらうと》は寝たまひぬるか。……」と

- 立ち聞きたまへば → 主語かわる
- ありつる子の声にて → 先ほどの子が
- A → 先ほどの子が
- ものけたまはる。いづくにおはしますぞ → あなたは
- 言へば → 主語かわる
- B → 前書きヒント → 源氏のこと
- ここにぞ臥したる → 私は

言ふ。寝たりける声のしどけなき、いとよく似通ひたれば、妹（姉）と聞きたまひつ。

姉が
所が
先ほどの子の
源氏は

訳 （源氏は）そっと起きて立ち聞きなさると、先ほどの子の声で、（先ほどの子が姉に）「もしもし。（あなたは）どこにいらっしゃるの?」と、かすれた声のかわいらしい声で言うと、（姉が先ほどの子に）「（私は）ここで横になっている。客人（＝源氏）はもう寝なさったか。……」と言う。寝ていた声のしまりのない所が、（先ほどの子と）とてもよく似通っているので、（先ほどの子の）姉だと（源氏は）お聞きになった。

ちなみに、古語の「妹」は、男の子から見た女のきょうだいのことで、姉にも妹にも用いられます。

では、ここで、ちょっとがんばって入試問題に挑戦してみましょう！

入試問題に挑戦！

次の文章を読んで、後の問いに答えなさい。

夜中ばかりに、縁(1)に出でゐて、姉なる人、空をつくづくとながめて、「ただ今行方《ゆくへ》なく飛び失《う》せなばいかが思ふべき」と問ふに、なまおそろしと思へるけしきを見て、ことごとに言ひなして笑ひなどして、聞けば、傍らなる所に、前駆《さき》おふ車とまりて、「荻《をぎ》（注）の葉、荻の葉」と呼ばすれ(2)ど答へざなり。呼びわづらひて、笛をいとをかしく吹きすまして、過ぎぬなり。

Ａ　笛の音《ね》のただ秋風と聞こゆるになど荻の葉のそよとこたへぬ

と言ひたれば、「げに」とて、

Ｂ　荻の葉のこたふるまでも吹きよらでただに過ぎぬる笛の音ぞ憂き

（更級日記）

（注）　荻の葉――隣家の女性の名前。

問一　傍線部(1)「縁」とあるが、本文中「縁」にいるのは誰か。次の選択肢の中からすべて選びなさい。

ア　作者　　イ　姉　　ウ　車の主　　エ　車の主の従者　　オ　荻の葉

郵 便 は が き

料金受取人払郵便

新宿局
承認

7855

差出有効期間
平成27年10月
31日まで切手
をはらずにお
出し下さい。

160-8791

843

(受取人)

東京都新宿区新宿 1-10-3
太田紙興新宿ビル

㈱語学春秋社

書籍販売係 行

フリガナ		
お 名 前	印	
ご 住 所 (郵便番号は必ずご記入ください)	〒 -	電話 ( )
	都道府県 区市郡	
メールアドレス		
高 校 名	立 高校 年生・卒・高認(旧大検)	

TEL. 03-5315-4210 ホームページ http://goshun.com

＊このはがきにご記入の個人情報は商品の発送，弊社からのご案内以外の目的では使用いたしません。

書籍注文書

［最寄りの書店で入手できないとき，この注文書をご利用ください。
「実況中継セミナー"GOES"」をお求めの方はホームページへ。］

＊左端の空欄に○印をつけて，ご投函ください(電話・ホームページも可)。
＊**宅急便**：この注文書到着後，約3日でお届けいたします(代金着払い)。
送料・代引手数料につきましては，小社ホームページをご覧ください。

	実況中継シリーズ	
	山口英文法①【改訂版】	1200
	同 ②【改訂版】	1200
	小森英文法・語法問題	1300
	横山メタロジック会話英語	1200
	大矢英作文	1200
	大矢図解英語構文	1200
	西図解英文読解	1200
	石井看護医療技術系英語	1400
	NEW出口現代文①	1100
	同 ②	1100
	同 ③	1200
	高1からの出口現代文	950
	出口小論文①	1300
	同 ②	1100
	NEW望月古典文法(上)	1200
	同 (下)	1400
	高1からの望月古文	950
	山村図解古文読解	1200
	石川日本史B①【改訂版】4月刊行予定	
	同 ②【改訂版】5月刊行予定	
	同 ③【改訂版】6月刊行予定	
	同 ④【改訂版】7月刊行予定	
	石川日本史BCD問題集①	980
	同 ②	980
	同 ③	980
	同 ④	980
	同 文化史⑤	1100
	青木世界史B①【改訂版】3月刊行予定	
	同 ②【改訂版】4月刊行予定	
	同 ③【改訂版】5月刊行予定	
	同 ④【改訂版】6月刊行予定	
	青木世界史BCD問題集①	980
	同 ②	980
	同 ③	980
	同 ④	980
	権田地理B(上)	1200
	同 (下)	1000
	浜島物理	2100
	NEW鞠子医歯薬獣生物①	1900
	同 ②	1900
	同 ③	1900
	センター試験実況中継シリーズ	
	中川センター英語	1200
	石井センターリスニング	1600
	出口センター現代文	1400
	望月センター古文	1400
	飯塚センター漢文・第3版	1200
	樋口センター日本史B	1500
	植村センター世界史B	1500
	瀬川センター地理B①	1400
	同 ②	1400
	川本センター倫理	1200
	川本センター政治経済	1400
	川本センター現代社会	1200
	安藤センター地学基礎	1700
	センター英語9割GET・第4版	1400
	センター日本史B王様の公式	800
	実況中継CD-ROMブックス	
	トークで攻略英文法フル解説	2700
	トークで攻略現代文Vol.1	1500
	同 Vol.2	1500
	トークで攻略古典文法Vol.1	1500
	同 Vol.2	1500
	トークで攻略日本史B Vol.1	1500
	同 Vol.2	1500
	トークで攻略世界史B Vol.1	1500
	同 Vol.2	1500
	トークで攻略センター地理B塾①	1300
	同 ②	1300
	トークで攻略東大への英語塾	1800
	トークで攻略京大への英語塾	1800
	トークで攻略早大への英語塾	1600
	トークで攻略慶大への英語塾	1800
	高校参考書・一般語学書	
	早わかり文学史	850
	早わかり頻出テーマ小論文	850
	早わかりハイレベル小論文	640
	早わかり入試頻出評論用語	850
	おまかせ英文法・語法	1200
	総合英文読解ゼミ	1900
	英単語Make it!〈ベイシック〉	1300
	英単語Make it!〈アドバンスト〉	1400
	イメタン	1300
	英熟語イディオマスター	1000
	英会話Make it!〈基本〉	1800
	英会話Make it!〈場面〉	1800
	英語語法Make it!	1500
	英文eメールMake it!	1600
	イラストで解く中学英語総復習	950
	10時間で中学英語を卒業する	1500
	東大英語長文が5分で読める	1500
	同〈英単熟語編Vol.1〉	1500
	同〈英単熟語編Vol.2〉	1500
	医学部の化学	1480
	医学部の数学III	1800

2015年2月現在(新刊情報は小社ホームページをご覧ください)

※表示は本体価格です。(定価：本体価格＋税)
※定価・予価は一部変更されることがございますので
ご了承ください。

合計　　　　冊

問二　傍線部(2)「呼ばすれど」とあるが、誰が誰に「呼ばすれど」か。問一の選択肢の中から、それぞれ選びなさい。

問三　和歌A・Bはそれぞれ、誰が誰に詠んだものか。問一の選択肢の中から、それぞれ選びなさい。

〈中央大学〔改〕〉

〈解答欄〉

問一

問二　が　に

問三　A　が　に

B　が　に

問題文図解

まずは、日記ですから作者を登場人物としてピックアップします。舞台は、作者の自宅です。前半は、作者と姉の会話、後半は隣家の様子を耳にした姉妹が歌を詠み合う場面です。

夜中ばかりに、(1)縁に出でゐて、姉なる人、空をつくづくとながめて、「ただ今行方《ゆくへ》なく飛び失《う》せなばいかが思ふべき」と問ふに、なまおそろしと思へるけしきを見て、ことごとに言ひなして笑ひなどして、聞けば、傍らなる所に、前駆《さき》おふ車とまりて、「荻《をぎ》(注)の葉、荻の葉」と(2)呼ばすれど答へざなり。呼びわづらひて、笛をいとをかし

(1) 縁側に出て座って
いかが：どう
問ふに：ので
なまおそろしと思へるけしき：なんとなく恐ろしいと思っている様子
ことごと：別のこと
(2) 呼ばせるけれど

「て」の前後は普通同じ主語だけど、ここは、後の姉の質問に答える作者もいると判断
姉と私（＝作者）は
が
「て」の前後は主語変わらない
姉が
私（＝姉）が
あなた（＝作者）は
私（＝作者）が
姉が
姉は
直後の「車がとまった」という情報から
外の様子を
が
車の主が自分の従者に
荻の葉は
車の主は
車の主は
推定の助動詞

く吹きすまして（澄んだ音色で吹いて）、［車の主は］過ぎぬなり［推定の助動詞］。

［私（＝作者）が姉に］A 笛の音《ね》のただ秋風と聞こゆるになど（なぜ）荻の葉の［は］そよとこたへぬ（ない）

と言ひたれば（ところ）、［姉は］「げに」とて、

［姉が私（＝作者）に］B 荻の葉の［が］こたふるまでも吹きよらでただに過ぎぬる（そのまま過ぎて行ってしまう）笛の音［が］ぞ憂き

設問の解き方

問一 傍線部(1)は、少し下に「……**て、姉なる人、**……」とあるところにまずは注目です。「姉なる人、……」は「姉である人が、……」と主語になるパターンでしたね（ワザ2）。「て」の前後では主語が変わりにくい（ワザ5）ので、縁側に出て座っているのは「姉なる人」とわかります。

ただし、ここは、**姉だけなのかを確認することが大事**ですよ。日記ですから、作者がいる可能性大なんですから！　すると、この後に姉が質問し、誰かが「なまおそろし」と思っているシーンがでてきます。姉以外に誰かいますね！　特に誰とも書いてないので、**作者**と考えられます。傍線部(1)からこの質問のシーンまでに途中で作者が出てきた形跡はないので、作者も最初からいた、と判断しましょう。

問二　傍線部(2)は、直前に「**傍らなる所に、前駆おふ車とまりて**」とありますので、縁側の場面から一転、隣家前の描写にかわります。貴族のお宅って広いですから、縁側にいる作者たちがお隣さんに声をかけるのは無理ですよ。ここは、車がとまって、その**車の中の人**が「荻の葉」と「呼ばすれど」というところです。

　さてここで、傍線部(2)の中にある**「すれ」**に注意！　これは、**使役の助動詞「す」**の**已然形**。「呼ばすれど」で**「呼ばせるけれど」**と訳します。夜に女の子のもとを訪れるのは、これはもう彼氏以外ありません！　彼氏が彼女の家の前で彼女を呼ぶのですが、それなりに身分のある彼氏なんでしょうね、自分で呼ぶのではなく、「呼ばせる」んです。つまり、家来に命じて呼ばせているのです。

　ちなみに、古文の世界の「車」は**「牛車《ぎっしゃ》」**で、ご主人様は車中、従者が牛車を動かします。**車があれば、もれなく従者もいる**ということです。

問三　ＡとＢの和歌は誰が詠んだのかまったく記されていません。前からのつながりで、車の彼氏が荻の葉に詠んだ、と取った人も多かったんじゃないかな？　でも、**登場人物の位置関係を思い出してください**。

　作者姉妹は作者宅の縁側にいました。夜なので、縁側までは出ていますが、古文の女の子ですから、軽々しく道路脇とか隣家のすぐそばまで行くことはしません。お隣のカップルの和歌だとしたら、こんなに一字一句はっきりと作者に聞こえるはずはない位置関係なんですよ。（「荻の葉、荻の葉」と呼ぶ声は、道路から邸内に聞こえるように言うんですから、作者たちに聞こえても不自然じゃありませんよね。）

　作者は縁側にいながら、「彼女は返事をしないみたい」「彼氏の車が行っちゃったみたい」と、物音から判断しているだけです（**推定の助動詞「なり」にも注目**）。隣の彼氏が帰った後ですから、彼氏に歌を詠むことも不自然。

ということで、ここは、**縁側にいる作者姉妹が隣家のカップルをネタに歌を詠み合っている**ということになります。縁側に舞台が戻った最初のAの歌が主人公作者の歌、それに応じるBの歌が姉の歌です。

設問解答

問一 ア・イ

問二 ウがエに

問三 A アがイに　B イがアに

現代語訳

夜中ぐらいに、（姉と私は）縁側《えんがわ》に出て座って、姉である人が、空をしみじみとものの思いに沈んで眺《なが》めて、（姉が）「今すぐ（私が）どことも知れず飛んでいなくなったならば、（あなたは）どう思うだろう」と尋ねるので、（私が）なんとなく恐ろしいと思っている様子を（姉が）見て、（姉は）別のことで紛《まぎ》らわすように言って笑ったりして、（ふと外の様子を）聞くと、隣《となり》にある家に、先払いをする牛《ぎっ》車《しゃ》が止まって、（車の主が従者に）「荻の葉、荻の葉」と呼ばせるけれど（荻の葉は）答えないようだ。（車の主は）呼びあぐねて、笛をとてもすばらしく澄《す》んだ音色《ねいろ》で吹《ふ》いて、過ぎて行ってしまうようだ。

笛の音がまさしく秋風のように（ステキに）聞こえるのに、どうして荻の葉は秋風にそよぐように「そうよ」と答えないのでしょう。

と（私が姉に）言ったところ、（姉は）なるほどと言って、

荻の葉が答えるまで吹いて言い寄りもしないで、そのまま過ぎて行ってしまう笛の音（の主）が冷淡だ。

ちなみに、Aの歌の「そよ」は、風に吹かれて葉が「そよそよ」音をたてる意と、「荻の葉さん!」と呼ばれて「其《そ》よ（＝そうよ）」と返事をする意の掛詞です。

テーマ3 異空間を意識せよ！

状況把握のちょっと上級者編に、**〝異空間の把握〟**があります。といっても、そう難しい話ではありません。

物語というのは、その現場で起こったことだけ記すのではなく、時にその場にいない人のことを話題にしたり、昔の話を語ったり、未来のことを想像したり、時空をこえて別空間のことを盛り込んでいます。それらを**現場で起こった出来事と区別して〝別枠〟でとらえよう**というのが今回のテーマです。

ワザ32 〝別枠〟処理で全体図をつかむワザ①

「今現場で起こっていること」か「話題にしているだけ」かを区別せよ！

ワザ33 〝別枠〟処理で全体図をつかむワザ②

「過去」と「現在」を区別せよ！

練習問題

次の文章を読んで、後の問いに答えなさい。

二十日の夜《よ》の月出でにけり。山の端《は》もなくて、海の中よりぞ出で来る。かうやうなるを見てや、昔、阿倍《あべ》(注1)の仲麻呂《なかまろ》といひける人は、唐土《もろこし》に渡りて、帰り来ける時に、舟に乗るべき所にて、かの国人、馬のはなむけし、別れ惜しみて、かしこの漢詩《からうた》作りなどしける。(1)飽《あ》かずやありけむ、二十日の夜の月出づるまでぞありける。その月は、海よりぞ出でける。これを見てぞ、仲麻呂の主《ぬし》、

(注2)青海原《あをうなばら》ふりさけ見れば春日《かすが》なる三笠《みかさ》の山に出でし月かも

とぞよめりける。Aかの国人聞き知るまじく思《おも》ほえたれども、言《こと》の心を、男文字《をとこもじ》(注3)に様を書き出だして、Bここの言葉伝へたる人にいひ知らせければ、心をや聞きえたりけむ、いと思ひの外《ほか》になむ賞《め》でける。唐土とこの国とは、言異なるものなれど、月の影は同じことなるべければ、人の心も同じことにやあらむ。さて、今、

そのかみを思ひやりて、或人《ある》のよめる歌、

みやこにて山の端に見し月なれど波より出でて波にこそ入れ

（土佐日記）

（注）1　阿倍の仲麻呂――奈良時代、遣唐留学生として中国に渡った人物。後の「仲麻呂の主」も同じ。
2　青海原――『古今和歌集』では、「天の原」。
3　男文字――漢字。

問一　傍線部(1)「作りなどしける」、(2)「思ひやり」の主語は誰か。本文中から抜き出しなさい。

問二　傍線部A「かの国人」とはどこの国の人か。また傍線部B「ここの言葉」とはどこの言葉か、答えなさい。

〈解答欄〉　問一　(1)　(2)

問二　A　B

『土佐日記』は**平安時代**に記された**日本を舞台にした日記**です。でも本文1行目「昔、阿倍の仲麻呂……」から、作者のいる時代からさらに**「昔」に時が移り**、さらに**舞台も「唐土（＝中国）」に変わっています**。ということは、ここからは、今作者たちがいる「現場」とは**「別枠」に区別して捉《とら》えるべき**ところです。時も場所も変われば、登場人物だって、当然変わります。特に今回は、ほんの数年前の話ではなく、一時代前の奈良時代の話に移っているのですから、いま現場にいる人たちは、別枠で捉えた話の中では主語にはなりえませんし、別枠の中の人たちがいま現場にいて主語になることもありません。

以上をおさえた上で、問一を考えてみると、傍線部(1)は、「別枠」の話が始まって以降の箇所ですから、いま現場にいる人たちは、**解答の候補からははずして考えていい**ということになります。少し前にある「**かの国人、……**」に注目。これは、直訳すると「あの国の人は、……」です。「あの国の人」とはどの国の人かといえば、阿倍の仲麻呂が中国に渡ってそこで別れを惜しむシーンなのですから、**「中国の人」**です。

ちなみに、「唐土に渡りて、帰り来ける時に」とあるので、「中国に渡って、その後日本に帰って来た時の日本で」と誤解した人がいるかもしれませんね。確かに、そう読めてしまう表現ですが、ここは、その直後で「馬のはなむけ（＝餞別）し、別れ惜しみて」とあるので、**中国を出発するシーン**だと捉え直しましょう。「出発した時に」「出かけた時に」と言いながら、出かけた後のシーンではなく出発前後のシーンを描く、という書き方は実は古文では結構あるんですよ。

一方、傍線部(2)は、「**今、そのかみ（＝昔）を思ひやりて**」とあり、「今」の現場に話が戻ったことがわかりますね。主語は直後にある**「或人」**です。主語が変わりにくい**「て」**に注目して逆算します。

さて、問二は、指示語の問題です。傍線部Aは「かの国人（＝あの国の人）」、Bは「ここの言葉」です。場所を示す指示語ですから、当然**現場がどこかが大きく関わります**。

「ここ」「こちら」などの**「コレ」系の言葉**は、作者から見て**近い場所や人・物**を指し、「かしこ・あそこ」などの**「アレ」系の言葉**は、**遠くの場所や人・物**を指し示します。いま作者は、日本にいます。日本にいる作者にとって「ここの言葉」とは、**日本の言葉**。日本にいる作者にとって「この国の人」ではなく「かの国人」は、ここでは**「唐土（＝中国）の人」**を指します。

図解

二十日の夜《よ》の月出でにけり。山の端《は》もなくて、海の中よりぞ出で来る。かうやうなるを見てや、

昔、阿倍《あべ》（注1）の仲麻呂《なかまろ》といひける人は、唐土《もろこし》に渡りて、帰り来ける時に、舟に乗るべき所にて、かの国人、馬のはなむけし、別れ惜しみて、かしこの漢詩《からうた》作りなどしける。(1) 飽《あ》かずやありけむ、二十日の夜の月出づるまでぞありける。その月は、海よりぞ出でける。これを見てぞ、仲麻呂の主《ぬし》、

（注2）青海原《あをうなばら》ふりさけ見れば春日《かすが》なる三笠《みかさ》の山に出でし月かも

が
月が
光景
仲麻呂が日本に
中国の人 →
が
を
を
中国の人が
を
中国の人たちは
仲麻呂との
が
月 →
が
を
今、空に浮かぶ月は

とぞよめりける。Aかの国人聞き知るまじく思《おも》ほえたれども、言《こと》の心を、男文字《をとこもじ》(注3)に様を書き出だして、Bここの言葉伝へたる人にいひ知らせければ、心をや聞きえたりけむ、いと思ひの外《ほか》になむ賞《め》でける。唐土とこの国とは、言異なるものなれど、月の影は同じことなるべければ、人の心も同じことにやあらむ。さて、今、そのかみを思ひやりて(2)、或人《あるひと》のよめる歌、

みやこにて山の端に見し月なれど波より出でて波にこそ入れ

日本語の和歌を

中国の人

が

私（＝作者）には

仲麻呂が

を

中国の人は

中国の人は

仲麻呂の歌を

日本の言葉

が

日本

或人が

が

は

ここの月は

答

問一 (1) かの国人 (2) 或人

問二 A 中国（の人） B 日本（の言葉）

訳

二十日の夜の月が出た。山の端もなくて、海の中から（月が）出て来る。このような光景を見てであろうか、昔、阿倍の仲麻呂といった人は、中国に渡って、（仲麻呂が日本に）帰って来たときに、（中国の）舟に乗るはずの所で、あの国（＝中国）の人が、餞別《せんべつ》をし、（仲麻呂との）別れを惜しんで、あそこ（＝中国）の漢詩を作ったりなどした。（中国の人たちは）名残《なごり》おしく思ったのだろうか、二十日の夜の月が出るまでいた。その月は、海より出てきた。これ（＝月）を見て、仲麻呂が、

　青海原をふり返って見ると（今、空に浮かぶ月は）春日にある三笠の山に出ていた（同じ）月なのだなあ。

と詠んだということだ。（日本語の和歌を）あの国（＝中国）の人が聞いてわかるはずがないと（私作者には）思われたが、（仲麻呂が）言葉の意味を、漢字で大体の様子を書き出して、日本の言葉を習得している人に説明して知らせたところ、（中国の人は）内容を理解できたのだろうか、（中国の人は）とても意外にも（仲麻呂の歌を）誉《ほ》めた。中国とこの国（＝日本）とは、言葉が異なるものであるが、月の光は同じことであるはずなので、人の感情も同じことなのであろうか。さて、今、（ある人が）当時に思いをはせて、ある人が詠んだ歌は、

　都では山の端に見た月であるけれど、（ここでは）波間より出て波間に入っていくことよ。

「昔」や「今」など「時」を示す表現は、はっきりとは書いてないことが多いようですから、過去の助動詞「き」「けり」などにも注意してね。

ワザ34 〝別枠〟処理で全体図をつかむワザ③

「夢」と「現実」を区別せよ！

古文では、「夢」の話がよく出てきます。夜眠ったときに見るあの「夢」です。ただ、現代人とは捉え方が少し違っていて、「夢のお告げ」や「予知夢」といった感じで本文中に描かれることが多いようです。とはいえ、夢は夢ですから、現代の私たちが見る夢と基本的にはシステムは一緒。

ワザ35「夢」の処理法①【パターン的中率80％】

「夢に……」と言い出したら、直後から夢の中の描写！

ワザ36「夢」の処理法②【パターン的中率95％】

いまその場にいない人も夢に登場する！

ワザ37「夢」の処理法③【パターン的中率80％】

夢を見ている本人は、たいてい夢の中の登場人物になる！

「どこからどこまでが夢の描写か？」という問いは入試定番です。**「夢に……」**という表現が本文に出て来たら、だいたい**その直後から夢の描写が始まり、目覚める直前までが夢**。ちなみに「目覚める」の意味の重要語は**「おどろく」**ですよ。覚えておいてね。

では、次の（例）で確認してみましょう。

（例）

百日といふ夜の（ある僧の）夢に、「わ僧（A）がかく参る、いとほしければ、御幣紙《ごへいがみ》（注1）、打撒《うちまき》（注2）の米ほどの物、たしかに取らせむ」と仰せらるる（B）と見て、うちおどろきたる心地、いと心憂く、あはれにかなし。

（宇治拾遺物語）

（注）1　御幣紙――祈りの際に神前に供える御幣を作るための紙。
　　　2　打撒の米――神へのお供えとして撒き散らす米。

この文章は、ある僧が貧しさから抜け出そうと賀茂神社に参詣《さんけい》し、百日が経過した場面です。古文の人達は、夢のお告げを得たいという気持ちもあって、お寺参りは通常何日か泊まります。そこで見る夢が神仏からのメッセージ＝夢のお告げです。

どこからどこまでが夢の描写かわかりますか？　ワザ35を使って、**「夢に」の直後から「（と見て、）うちおどろきたる（＝はっと目覚めた）」前まで**ですよ。

また、**夢の中には、現実世界にはいない（見えない）ものが出てくる可能性がある**ので注意です（ワザ36）。この夢では、「紙と米をやろう」と誰かが言っています。賀茂神社の神にお願いし、「願いをきいてやる」って言うんですから、傍線部Bは賀茂の神が「仰せらる（＝おっしゃる）」んですよね。

傍線部Aの「わ僧」は、僧侶に対する呼びかけの語です。ワザ37もヒントに、夢を見ている本人＝ある僧のことだと判断しましょう。

百日も参詣していたのに、「紙と米程度のものは与えよう」という夢のお告げで、僧が「え!? それだけ?」と、ガッカリしているところです。

（例文図解）

百日といふ夜の（ある僧の）夢に、「わ僧がかく参る、いとほしければ、御幣紙《ごへいがみ》（注1）、打撒《うちまき》（注2）の米ほどの物、たしかに取らせむ」と仰せらるると見て、うちおどろきたる心地、いと心憂く、あはれにかなし。

A（わ僧）：ある僧
かく：賀茂神社に
参る、：のが
御幣紙、：と
物、：を
B（取らせむ）：賀茂の神が
見て、：僧が
たる：僧の
心地、：は

訳　（賀茂神社に参籠《さんろう》して）百日目という夜の（ある僧の）夢に、「おまえ（＝ある僧）がこのように（賀茂神社に）参籠するのが、気の毒なので、御幣紙と、打撒の米程度の物を間違いなく与えよう」と（賀茂の神が）おっしゃると見て、（僧が）はっと目を覚ました（そのときの僧の）気持ちは、たいそう情けなく、しみじみと悲しい。

テーマ4 場面の変わり目をつかもう！

本文が長くなると、**様々な場面が盛り込まれたもの**になります。宮中での話の後、「一方、彼女の邸《やしき》では……」と舞台が変わったり、男の子の描写の後、「一方、女の子の心中は……」などと視点が変わったり。

場面が変われば、当然**状況が変わります**。**登場人物も変わる可能性があります**。変わったことに気づかずに読み進めると、前の場面設定のまま無理矢理読むことになりますから、当然、おかしな読解になってしまいます……。そこで**段落の変わり目に注目**です。

ワザ38 場面転換把握のワザ

段落が変わったら、

時 所 人 を、いったん、白紙にリセット！

段落って、そんなに無意味についているものでもないんですよ。**「段落の変わり目＝場面の変わり目」**と考えて、段落が変わったら、ひとまず、「お話の『時』が変わったんじゃないかな？」「舞台が変わったんじゃないかな？」「登場人物も変わったんじゃないかな？」と疑って、点検してみましょう。

結果的に、前段落から何も変わってなければそれでヨシ、そのまま読み進めてください。でも変わっていたら、前段落の設定をそのまま引きずってはいけませんよ！　状況をあらためてつかみなおした上で読み進めましょう。くれぐれも、新しい段落ではもういない人物を、いつまでも登場させないように！

！ちょっと注意

段落が変わっても、**主人公はたいてい変わらずに出続けます**。たとえ名前があがってなくても、主人公だけは段落が変わってもいることを前提に読み進めましょう。

＋プラスアルファ α

場面転換は、段落の変わり目だけではありません。**段落途中で起こることもあります**ので、ワザ38のバリエーションとして、次のようにも使ってみてくださいね。

「時」が変わった
↓
人・所をリセット！

「所」が変わった
↓
人・時をリセット！

何を言っているのかを理解する

訳はそれなりにできているはずなのに、何を言ってるのかイマイチわからない……これにはいろんな原因が考えられますが、一つには、古文側の問題で、**言わないでもわかることは書いてない**、ということが挙《あ》げられます。

たとえば、現代で「女優さんみたい！」と言えば、たいてい「きれい！」という意味で、「演技がうまいね」の意味では使いません（場合によってはあるかもしれませんけど）。いちいちそれを、「女優さんみたい、つまりキレイってことです」などと説明したりはしませんよね。言わないでもわかるからです。

あるいは、「チャイムが鳴ってる！　早く教室に行かなきゃ！」なんていう場合にも、なぜ急いでいるのかなんて当たり前過ぎて、いちいち説明しません。こういう「言わないでもわかる当たり前のこと」が古文の世界にもあるんです。

現代の話なら、現代人ですから言われなくてもわかるのですが、古文の場合、「病気になった！　お坊さん呼ばなきゃ」と言われても、現代人には「なんで？」となってしまう。**古文の世界の「当たり前」を知らないと、訳はできても、本当のところは「？」のままになってしまう**んですね。

「要するに何を言っているのか」まで、きちんと理解できるように、力をつけていきましょう！

テーマ1 まずは正確に訳すこと

ワザ39 減点されない訳のコツ

紛らわしい語ほど、正体をあばいて的確に訳せ!

当たり前のことですが、何を言っているのかを正しく理解する第一歩は、**書いてあることを正しく訳せる**こと。それがすべてのベースになります。慣《な》れないうちは辞書や文法のテキストを駆使《くし》して知識を仕入れつつ、**本文に忠実《ちゅうじつ》に、一語一語丁寧《ていねい》に直訳**をしていきましょう。そんな中で、特に気をつけたいのは、

パッと見は似ているんだけど、実は意味が違う言葉。

つまり、**紛らわしい言葉**です。次の練習問題は和歌ですが、修辞《しゅうじ》とかは気にしなくていいので、傍線部を丁寧に訳してみてください。ポイントは**「頼む」**です!

練習問題

次の文章は『更級日記』の一節で、作者が、今は離れて暮らす仲の良かった継母に和歌をおくる場面である。傍線部(1)・(2)を正しく訳しなさい。

（継母は私のもとに）「来む」とありしを、「さやある」と、目をかけて待ちわたるに、花もみな咲きぬれど、音もせず。思ひわびて花を折りてやる。

(1)頼めしをなほや待つべき霜枯れし梅をも春は忘れざりけり

と言ひやりたれば、あはれなることども書きて、

(2)なほ頼め梅の立ち枝《え》は契りおかぬ思ひのほかの人も訪《と》ふなり

〈解答欄〉

(1)

(2)

傍線部(1)の中にある「**し**」は**過去の助動詞「き」の連体形**で「**〜た**」と訳します。傍線部(2)の中にある「**なほ**」は**副詞**で「**やはり**」と訳します。では、「頼め」の部分はどう訳しましたか？

「頼む」は重要単語の一つで、**現代語との意味の違い**に注意するとともに、実は、**活用の種類にも注意**が必要な語です。

単語チェック!

「頼む」

	四段活用	下二段活用
	頼	頼
未然形	ま	め
連用形	み	め
終止形	む	む
連体形	む	むる
已然形	め	むれ
命令形	め	めよ

四段活用の場合 **訳** 頼みに思う／あてにする／期待する

下二段活用の場合 **訳** 頼みに思わ**せる**／あてに**させる**／期待**させる**

「**頼む**」には、**四段活用**と**下二段活用**があり、それに応じて訳に違いがあります。**下二段になると、四段の訳に「〜させる」という使役のような訳が加わります**。四段は自動詞的用法、下二段は他動詞的用法ともいえます。

ささやかな違いに思えるかもしれないけど、四段の場合は「**自分が**期待する」、下二段の場合は「期待させる」といった意味になり、「期待する」人物が変わってくるので、これは大きな違いなんですよ。

では、傍線部(1)・(2)の「頼む」を見てみましょう。

まずは、**活用の種類のチェック**です。

傍線部(1)は、過去の助動詞「き」の直上に「頼め」とありますね。「頼め」という形は、四段にも下二段にもありますが、**「き」は連用形接続の助動詞**ですから、ここの**「頼め」は連用形**だと判断できます。つまり、**下二段活用！** 訳は下二段の方の訳を使って**「期待させた」**などと訳せば、正解です！

傍線部(2)も、「頼め」です。活用形は、本来、真下の言葉によって決まるのですが、ここは「梅の立ち枝」です。真下の影響を受けているのなら、ここは名詞の真上なので連体形になるはずですが、「頼め」という形の連体形はありません。

和歌は、5／7／5／7／7のリズムの切れ目の箇所で、文末になる可能性があるので、ここは、「梅の立ち枝」に続いていくのではなく、「頼め。」という文末の形だと判断します。文末は通常、終止形か命令形。

ここは、「頼め」という形なのですから、**四段活用の命令形**と判断できますよね♪ 四段活用の方の訳を使い、**「期待しろ」**などと命令形でまとめましょう。

図解

（継母は私のもとに）「来む」《つもりだ》とありしを《たので》、「さやある」と、目をかけて待ちわたるに《のに》、花もみな

私は／継母からは／私は／継母のもとに

咲きぬれど、音《音沙汰》もせず。思ひわびて《思い悩んで》花を折りてやる《おくる》。

お母さんは私に／下二段連用形／過去「き」／私は／。／に

(1)頼めしを《のに》なほや待つべき霜枯れし《た》梅をも春は忘れざりけり

継母は／を

と言ひやりたれば《ところ》、あはれなることども書きて、

あなたは

(2)なほ頼め梅の立ち枝《え》は契りおかぬ思ひのほかの人も訪《と》ふなり

四段命令形

約束していない

。

答 (1) 期待させた　(2) やはり期待しろ

訳 (継母は私のもとに)「(会いに)来るつもりだよ」と言っていたので、(私は)「そのように会いにきてくれるかな」と思って、注目して待ち続けていたのに、花はみんな咲いたけど、(継母からは)音沙汰《おとさた》もない。(私は)思い悩んで花を折って(継母のもとに)おくる。

(お母さんは会いに来ると私に)期待させたのに(いまだに来てくれない)それでもまだ(私は)待たなければいけないのか? 霜に枯れた梅のことも春は忘れない(でやってくる)のになあ。

と言っておくったところ、(継母は)しみじみとすることを書いて、

(あなたは)やはり期待し(て待ってい)ろ。梅の立ち枝(が香るとき)は約束していない予想外の人も訪ねてくるというそうですから(私も突然行くかもしれませんよ)。

活用の種類を意識せず、「期待した」「期待させろ」などと訳してしまうと、何を主張している和歌なのかわからなくなってしまいますよね……。

「頼む」のように、**四段活用か下二段活用かで訳が変わる語で入試頻出の動詞**は、他に**「被《かづ》く」「給ふ」**などもあります。

「給ふ」は文法問題としても**頻出中の頻出**です！これらは、そこでは四段なのか下二段なのかを常にチェックした上で訳すように心がけてくださいね。

単語チェック！

「被く」

	語幹	未然	連用	終止	連体	已然	命令		訳
四段活用	被	か	き	く	く	け	け	の場合	かぶる／ほうびとしていただく
下二段活用	被	け	け	く	くる	くれ	けよ	の場合	かぶ**せる**／ほうびとしていただか**せる**　→ほうびとして与える

「給ふ」

	語幹	未然	連用	終止	連体	已然	命令		訳
四段活用	給	は	ひ	ふ	ふ	へ	へ	の場合	お与えになる／～なさる　※いずれも尊敬語
下二段活用	給	へ	へ	○	ふる	ふれ	○	の場合	～（しており）ます　※謙譲語

〈注〉下二段の「給ふ」は、特例で、終止形はまずあらわれず、命令形は存在しないので、「なし」の印「○」で記しています。

ところで、正確に訳す上では、助動詞にも見分けが紛らわしく注意が必要なものがあります。

文法チェック！

「ぬ・ね」

接続	未然	連用	終止	連体	已然	命令		訳
未然形 ＋	（ず）／ざら	ず／ざり	ず／○	ぬ／ざる	ね／ざれ	○／ざれ	の場合	～ない〈打消〉
連用形 ＋	な	に	ぬ	ぬる	ぬれ	ね	の場合	～しまった〈完了〉

「ぬ・ね」は、文法の識別問題でも頻出ですが、これらは、訳でも**肯定文か否定文かという大きな違いを生むところ**なので、問題になっていなくても、常に注意を払わなければならないところです。現代人感覚で、訳が文脈上自然かどうか、だけで考えちゃダメですよ。現代人と古代人とでは「感覚」が違いますから、間違いのもとです。

ということで、確実にできるオススメの見分け方は、次の2つ！

①接続（＝上の単語の活用形）から見分ける方法

未然形＋「ぬ」「ね」→**打消**の**「ず」**

連用形＋「ぬ」「ね」→**完了**の**「ぬ」**

②「ぬ・ね」ご本人の活用形から見分ける方法

「ぬ」の活用形＝**連体形**→**打消**の**「ず」**
＝**終止形**→**完了**の**「ぬ」**

「ね」の活用形＝**已然形**→**打消**の**「ず」**
＝**命令形**→**完了**の**「ぬ」**

見分け方のベースとなっているのは、接続と活用表です。「接続」は、紛らわしい助動詞ご本人が何形なのかにかかわらず、その真上の単語が何形になっているかをあらわすものです。活用表を丸暗記するだけでなく、こうして整理して頭に入れておくと、便利ですよ。

「なり」も、**断定の助動詞**か**推定の助動詞**かでよく問われるところです。みていきましょう。

文法チェック!

「なり」

接続		未然	連用	終止	連体	已然	命令		訳
原則、終止形 ラ変型は連体形	＋	○	（なり）	なり	なる	なれ	○	の場合	～ようだ ～そうだ〈伝聞・推定〉
連体形 非活用語	＋	なら	なり に	なり	なる	なれ	なれ	の場合	～である〈断定〉

非活用語というのは、**活用をしない言葉全部**を指します。実際には、名詞90%、副詞や助詞が10%ぐらいです。

断定なのか、伝聞・推定なのか、どちらの「なり」かを訳から判断しようとしても、強気に言っているのか弱気な感じなのか程度の違いにしか見えず（本当は違いますけど）、結局、何となくで選んで間違えることになるので、基本的にはオススメしません。やはり、**接続の違いに注目して見分けていくのが原則**です。

ちなみに、どちらの訳でもたいした違いがないように思えるでしょうけど、どちらの「なり」かをはっきりさせることで、状況把握にも役立つんですよ。

推定の助動詞「なり」は、詳しく言うと、「聴覚推定」といって、**耳に聞こえる情報から判断するときに使う助動詞**です。

第三章のワザ31で解いた入試問題に挑戦!を、もう一度チェックしてみてください。聴覚推定の「なり」が使用されているとわかることで、目で見て断定的に言っているのではなく、耳から得た情報で、「～なようだ」と推定しているんだという状況がよりはっきりわかりますね。

その他、**「なむ」「る・れ」「に」**も、頻出の文法識別問題であると同時に、訳にもかかわる大事なところです。巻末の【主な文法識別一覧表】（→312ページ）も参考にして、正体をはっきりさせた上で、訳をつけるように心がけましょう。

テーマ2 場面に応じた意味把握①〜曖昧ワード編〜

単語の意味を知りたくて、辞書をひいてみると、すごくたくさんの意味が羅列《られつ》してあったり、正反対の意味が並んで書いてある、なんてことがありますよね。たとえば、手元にある辞書で**「あはれなり」**をひいてみると、次のように記されています。

あはれなり《形容動詞》
①しみじみと心を動かされる。
②しみじみとした情趣がある。
③さびしい。悲しい。つらい。
④かわいそうだ。ふびんだ。気の毒だ。
⑤かわいい。いとしい。
⑥情が深い。愛情がゆたかだ。
⑦尊い。すぐれている。

これに、感動詞としての意味と名詞としての意味も掲載されています。数の多さにまずクラクラしそうですね……。

でも、もっと困るのは、「かわいい・いとしい」などのニッコリするような心情や状態を表す意味と、「悲しい・かわいそう」などの泣きたくなるような心情を表す意味、いわば、**プラスの意味とマイナスの意味とが混在していること**。「どっちよ⁉」と思わずつっこみを入れたくなります。同じような困った現象は、他にも結構たくさんあって、たとえば**「いみじ」**では次のように記されています。

いみじ《形容詞》

①（不吉なほど）はなはだしい。
②すばらしい。よい。嬉しい。
③ひどい。恐ろしい。悲しい。

褒《ほ》めてるんだか、けなしてるんだか、よくわかりませんね。**「ゆゆし」**という形容詞も、だいたいこれと同じような訳が載《の》っています。「いろいろあるねー（笑）」ではすみませんよ。だってこれらはいずれも入試頻出重要単語なんですから！

このような、意味に大きな幅のある単語は、訳だけ覚えていても、実際にはなかなか最適なものを選べません。しかも、入試では、「①すばらしい　②ひどい　③……」などと、辞書に載っているいくつかの訳を選択肢にあげている場合も少なくありませんから、暗記だけでは不十分です。

こうした単語は、次のような戦略でいきましょう♪

ワザ40 意味の特定法①

意味に大きな幅がある単語は、まずはプラス（＋）の意味かマイナス（－）の意味かを荒づかみ！

いきなり細かい感情の違いまでつかもうとせず、まずは、**だいたいの方向性を文脈からキャッチせよ**、ということです。その上で、**選択肢があれば、それもヒント**に、細かいところまでつめていけばいいのです。

練習問題

次の文中にある傍線部を現代語訳しなさい。

御室《おむろ》(注)に、いみじき児《ちご》のありけるを、「いかで誘ひ出だして遊ばん」と企《たく》む法師どもありて……　(徒然草)

(注)　御室――京都市右京区にある仁和寺《にんなじ》のこと。

〈解答欄〉

「いみじ」は、さきほど辞書の記述を見たとおり、「すばらしい」意味でも「ひどい」意味でも使えるんでしたよね。「忌《い》まわしい過去」「忌み嫌《きら》う」などと使う現代語の「忌まわしい」「忌む」と、語源的には同じで、本来**「不吉だ・縁起が悪い」**といった意味の語なのですが、古文ではもっと幅広く、悪い意味だけでなく**「とてもいい」**の意味でも用いられます。頭の中の整理法としては、

①不吉だ・縁起が悪い（マイナス）
②とても〜だ（プラス／マイナス）
→　**「よい」のか「悪い」のかは文脈判断！**

としておくと、多少覚える分量が少なくなりますし、実用的だと思いますよ。

さて、この傍線部では、**直後に注目**です。「いかで誘ひ出だして遊ばん（＝何とかして誘い出して遊ぼ

う）」とする法師たちが登場します。**「一緒に遊びたい」と思う**んですから、「いみじ」を**プラスの意味**で取り、**「とてもすばらしい・かわいらしい・かわいい」**などと訳しましょう。

＋プラスアルファ α

辞書に、正反対というほど様々な意味が載っているのは、何も辞書が悪いわけじゃないんですよ。

一言で「古文」といっても、実は千年分ほどの言葉を一手に扱うわけです。たとえば、現代語で「ヤバイ」という言葉がありますが、この言葉は、もともとはよくない意味でしか使いませんでしたよね？　でも、いつの頃からか、「ヤバイ（ぐらいにおいしい）」などと、良い意味でも使うようになりました。

こんなふうに、言葉は、私たちが生きている短い間にもこれほどの変化をするわけですから、千年のうちに意味に幅が出てくるのは、むしろ当たり前なのです。**中心的な意味を暗記した上で、そこではどういう意味なのかを見抜く力**を養いましょう。

図解

（注）御室《おむろ》に、いみじき児《ちご》の〔が〕ありけるを、〔が〕「いかで誘ひ出だして遊ばん〔遊ぼう〕」と企《たく》む法師ども〔が〕ありて……

「いみじ」をプラスの意味でとる ← ここをヒントに

その児を

答　とてもかわいらしい子

訳　仁和寺に、とてもかわいらしい子がいたが、「何とかして（その子を）誘い出して遊ぼう」と考えをめぐらす法師たちがいて……

テーマ3 場面に応じた意味把握②～恋愛ワード編～

「会ふ」「見る」「知る」などの言葉は、そんなに現代語との違いがないように見えますから、みなさん、もしかしてノーマークにしてませんか？ でも、これらの言葉は、**男女がメインの恋愛のお話**の中で用いられると、特別な意味になる重要語です。

ワザ41 意味の特定法②【パターン的中率80%】

男女の恋のお話では、「会ふ」「見る」「知る」などは恋愛ワードに変身！

古文単語	意味
会ふ（逢ふ） 見る	①デートする ②おつきあいをする ③結婚する
見ゆ	女性が結婚する
知る	①おつきあいをする ②結婚する
通ふ 住む	①男性が女性のもとに通う ②おつきあいをする ③結婚する
呼ばふ	①言い寄る ②プロポーズする
もの言ふ	①言い寄る ②プロポーズする ③デートする
こころざし	愛情
世（の中）	男女の仲

もちろん、これらの言葉には現代語と同じような意味もあるのですが、男の子と女の子がメインの恋愛話で用いられるときには、今みたような、特定の意味で主に用いられます。

＋プラスアルファ α

現代人感覚では、「デート」と「おつきあい」と「結婚」には大きな差を感じますが、入試で出題される古文の世界には現代のような戸籍《こせき》がありませんから、婚姻届を提出する手続きがありません。だから、おつきあいをする時点で、普通は結婚を意味することになります。

また、当時の女の子は非常にガードがかたく、迷ったり悩んだりさんざんした上で、決意してデートをするので、「デートは一度しましたが、つきあってはいません！」などということはありません。だから、基本的に、デート＝おつきあい＝結婚、となるんですよ。

練習問題

次の文章を読んで、後の問いに答えなさい。

さて、この男、「女、こと人にもの言ふ(1)」と聞きて、「その人と我と、いづれをか思ふ」と問ひければ、女、

　花すすき君が方にぞなびくめる思はぬ山の風は吹けども

となむ言ひける。

よばふ(2)男もありけり。「世の中(3)心憂し。なほ男せじ」など言ひけるものなむ(注)、この男をやうやう思ひやつきけむ、この男の返り事などしてやりて……

（大和物語）

（注）ものなむ――ここは「けれども」の意。

問一　傍線部(1)「もの言ふ」、(2)「よばふ」の意味として最も適当なものを、次の選択肢の中から、それぞれ一つずつ選びなさい。

ア　言いつける　**イ**　仲良く言葉を交わす　**ウ**　噂になる　**エ**　言い寄る

問二　傍線部(3)「世の中」の意味として最も適当なものを、次の選択肢の中から一つ選びなさい。

ア　世間　**イ**　俗世　**ウ**　男女の仲　**エ**　現世

さあ、どうですか？　(1)〜(3)すべて恋愛ワードです。ずいぶんモテモテの女の子の話でしたね。傍線部(1)の直前にある**「こと人」という意味**は漢字をあてると「異人」。**「他の人、別の人」という意味**の名詞です。

当時の女の子はあくまで「受身」ですから、よほど男性に慣れた女性以外、女の子の方から親しくもない男の子に「言い寄る」ことはありません。ここの傍線部(1)は、すでにおつきあいしている**「女」と「こと人」がデートをしている・愛の言葉を交わしている**の意味だ、と理解しましょう。

「ボクの彼女が、別の男とデートしている」と聞いた男は、「そいつとボクとどっちが好きなんだ⁉」と聞きます。すると、女の子は「確かに他の男から言い寄られてるけど、私が好きなのはあなたの方よ♡」と和歌で答えます。また、モテモテのこの女の子には、さらに他に**「よばふ男」**もいます。**「よばふ」**は、さきほど押さえたとおり、**「つきあおうよ！」と言い寄る**意味です。

女の子はモテすぎてもう面倒になっちゃったのでしょうか、「世の中心憂し。なほ男せじ」と言います。**「心憂し」**は、**「つらい」**という意味の**形容詞**、**「男す」**は、**「男性とつきあう、男性と結婚する」**意味の**サ変動詞**、**「じ」**は**打消意志の助動詞**で、いずれも重要語です。

「『世の中』がつらいから、もうつきあいたくない」の**「世の中」**は、選択肢にあげたいずれの意味もありますが、ここは**「男女の仲」**。男女の恋のお話ですから、恋愛ワードとして処理しましょう。「男女の仲なんてつらいものだから、もう男となんてつきあいたくない」と言ってたんですね。それなのに、結局「よばふ男」からのラブレターに返事を書いて送った、という話でした。恋愛ワードの処理方法を知っていると、話が鮮明になるでしょ？　どんどん活用してね♪

〈解答欄〉

問一

(1)

(2)

問二

図解

さて、この男、「女、こと人《別の男》に(1)もの言ふ」と聞きて、「その人と我と、いづれ《どちら》をか思ふ」と問ひければ《ところ》、女、

花すすき君が方にぞなびくめる思はぬ山の風は吹けども

となむ言ひける。

(2)よばふ男もありけり。「(3)世の中心憂し。なほ男せじ」など言ひけるものなむ、(注)この男をやうやう《だんだん》

この男 → は
女、 → が
こと人 → 「こと人（＝別の男）」のこと
(1)もの言ふ → 仲良く言葉を交わす
と聞きて、→ この男は
その人 → 「こと人（＝別の男）」のこと
我 → 会話主の男のこと
思ふ → 愛しく思う
と問ひけ → 女に
女、→ は
花すすき → 女自身のたとえ
花すすき → は
君 → 「この男」のこと
が → の
める → 。
思はぬ山 → 「こと人」のたとえ
ぬ → 打消「ず」
風 → アプローチのこと
吹けども → 私の方に
(2)よばふ → 言い寄る
よばふ男 → さらに別の男
ありけり。→ 女は
(3)世の中 → 男女の仲
世の中 → は
男せじ → 男性とつきあう
じ → 打消意志「じ」
この男 → 「よばふ男」のこと

思ひやつきけむ、この男の返り事などしてやりて……

答

問一 (1) イ (2) エ

問二 ウ

訳 さて、この男は、「女が、別の男と仲良く言葉を交わしている」と聞いて、「その人とボクと、どちらを愛しく思うのか」と（女に）尋ねたところ、女は、

花すすき（＝私）はあなたの方になびいているようです。思いもよらない山風（＝別の男からのアプローチ）が（私の方に）吹いているけれども。

と言った。

（さらに他に、この女に）言い寄る男もいた。（女は）「男女の仲というものはつらいものです。やはり男の人とはおつきあいしないでおきましょう」などと言っていたけれども、この（言い寄る）男のことをだんだん心ひかれていったのだろうか、この（言い寄る）男からの手紙に返事などを書いて送って……

テーマ4 古文特有の比喩表現

時代が変われば、物事の捉《とら》え方も変わります。たとえば「**絆**」という言葉。現代では「きずな」と読み、「人と人との絆」「親子の絆」など、あたたかで良いものというイメージのある言葉ですよね。「絆」は、古文では「**ほだし**」と読みます。やはり、親子の愛情・つながりを言うことが多いのですが、ただ、捉え方がまったく違います。

古文の時代は「仏教第一主義」というほど、広く深く人々は仏教を信仰し、貴族はみんな人生のどこかのタイミングで出家《しゅっけ》をし仏門《ぶつもん》に入ります。その際に妨《さまた》げになるものとして捉えられるのが「絆＝親子の愛情など」なのです。つまり、**マイナスイメージで捉えられる**んですね。

このように、モノとしては同じものを表していても、捉えるイメージが現代とは異なるものがあります。古文で表そうとしている内容と、ずれたイメージで理解してしまわないように、ここでは、**古文によく出てくる比喩表現**を学びましょう。

古文単語	本来の意味	比喩としての意味
露	水滴	①涙 ②はかないもの ③わずかなもの
玉	宝石	美しいもの
岩木	岩と木	心を持たないもの
小松	まだ小さい松	子ども
小萩	まだ小さい萩	
撫子	撫子	

浮き草	水面に浮いて漂《ただよ》う草	不安定でしっかりとしてない身
夢	睡眠中にみる夢	①はかない　②悪夢
物語の姫君	物語に登場する姫君	きれいな衣装を着せられている美しい姫君

「露《つゆ》」は、よく葉っぱの上などに形作られている朝露・夜《よ》露などの水滴《すいてき》です。普通、「バケツいっぱいの露」のような言い方はせず、一滴・二滴の、雫《しずく》単位で捉えるものですよね。そうしたことから、**「わずかなもの・はかないもの」の比喩**、また形状が似ていることから**「涙」の比喩**表現として使います。

「撫子《なでしこ》」は「撫でし子（＝なでなでしてかわいがる子）」という名前からの連想です。

また、「夢みたい！」といえば、現代なら、飛び上がりたくなるぐらい嬉しいときに言うセリフですが、「夢のように（はかない）」「（悪）夢のようだ」といった感じで、古文では**マイナスイメージで用いられる**ことが主流です。

＋プラスアルファ α

花といえば、女の子の比喩に決まっている！と思い込みがちですが、古文ではそうとはかぎりません。意外なほどたくさん、男の子も花にたとえられるんですよ。

また、架空《かくう》のものですが、よく用いられる表現として、次のようなものがあります。

古文単語	比喩としての意味
涙（の）川 涙の淵 涙の海	ものすごく泣いている
心の花	変わりやすい心

古文の世界ではハンカチを使いませんから、着物の袖《そで》で涙を拭《ぬぐ》います。悲しくて悲しくて、涙がとまらなかったら、だんだん袖が涙でぐしょ濡《ぬ》れになります。ここまではいいですよね？

ここからが比喩表現というか、古文特有の誇大《こだい》表現です。拭っても拭っても涙が流れ続ければ、そのうち、袖に含むことができる水分が限界値を越えます↓限界を越えた涙の雫がポタポタたれます↓涙の水たまりができます↓まだ涙が止まらないので、水たまりが池になります↓川になります↓淵《ふち》（＝深いところ）もできます↓海になります‼……すごい！（笑）。

要するに嘘《うそ》なんですけど、「涙（の）川」や「涙の淵」といった表現には「ものすごく悲しいんだ！　涙があふれて止まらないんだ！」と訴える力はあるのかもしれませんね。

また、「心の花」は、花はきれいに咲いていてもいずれは枯《か》れるところから、変わりやすい人間の心をいう比喩表現です。「花」のイメージからまちがって明るいイメージでとらないように気をつけましょう。

＋プラスアルファ α

古文世界ではたとえ都人《みやこびと》であっても自然を身近に感じることができます。鳥や鹿の鳴き声を耳にすることもしばしばなのですが、このときの捉え方が、また古代人ならではで、「鳥や鹿もボクたちと同じように、愛しい人に会えずに泣いているんだな」と思っていたんですよ。（本当は「おなかすいたなあ」とか「今日もおつかれー」とか鳥語や鹿語で話していたのかもしれませんけど……。）

「鹿がないているように……」といった表現は、**恋しくて泣いている比喩**として多く用いられます。

テーマ5 指示内容の具体化

ワザ42 指示内容の特定法①【パターン的中率80%】

指示語は直前を指す！

ワザ43 指示内容の特定法②【パターン的中率85%】

「かれ」＝男の子じゃない！ 遠くのものや人を指す言葉。

「かく（＝このように）」「さ（＝そのように）」など古文にも**指示語**がよく用いられます。訳としては暗記したものをワンパターンにあてはめればいいだけですが、ただそれだけでは、具体的に何のことを言っているのかわかりません。具体的に理解するには指示内容を明らかにする必要があるのです。入試でも頻出ですよ。

ワザ42は定番ですよね。「それ」であれ、「かく」であれ、基本的には、**直前に書いてあった内容を指します。**でも、一つ注意！ ワザ43で示した**「かれ」**は、みんなよくまちがえるところですよ。次ページの表をみながらおさえてください。

近くの人・物・所を指す	目の前あたりの人・物・所を指す	遠くの人・物・所を指す
こ・これ	そ・それ	か・かれ あ・あれ
ここ・こち	そこ・そち	かしこ あそこ・あち
こなた	そなた	かなた あなた

「これ」（近称）**「それ」**（対称）**「かれ」**（遠称）の**「かれ」**は、**遠くの物や人を指す言葉**。遠くにいる男の子を指す場合ももちろんありますが、女の子を指す場合や、人間ではなくモノを指す場合もあります。単語の本来の意味としては、男性のみを指すといった限定はかからないので、基本原則を正しくおさえておいてね。いきなり「かれ＝男の子」と決めつけちゃダメですよ！

ワザ44 指示内容の特定法③【パターン的中率70%】

会話文中の指示語は、直前で相手が話したセリフの中を指す！

登場人物2人の会話文が続く中で、指示語が出てきたら、たいてい**相手が話した直前のセリフの中にある何かを指しています**。「お花見に行こうか?」「そうしましょ♪」なんて現代語のやりとりと同じです。「そう」は直前のセリフの「お花見に行く」を指していますよね。

指示語が出てきたら、直前の何を指しているのか、できるかぎり**具体化しながら読む**ようにしましょう。

! ちょっと注意

和歌の直前では、

「女は**このように**和歌を詠んだ。

5／7／5／7／7」（和歌部分）

のように、**直後の和歌を指し示す指示語**がよく出てきます。

テーマ6 省略内容の補い

古文は、とても省略の多いのが特徴の一つです。省略は、「なくても通じる！」と思うからするわけで、古代人が「なくても通じる」と考える、その根拠がわかれば、私たち現代人でも補うことができます。では、省略のパターンを攻略していきましょう。まずは、文法上の頻出省略パターンから。

ワザ45 省略内容補いのワザ① 【パターン的中率70%】

連体形なのに、真下に名詞がない！＝名詞が省略されている

← 「こと」「もの」「時」「人」などを補う

連体形は、本来**「体言（＝名詞）に連結する形」**だから、「連体形」という名前がついています。動詞・形容詞・形容動詞・助動詞、何の連体形でも、この基本の働きは同じです。真下の体言（＝名詞）に連結するのが基本の働きにもかかわらず、それがなければ、原則、**名詞が省略されている**、ということ。名詞が書いてなければ、自分で補いましょう。「こと」「もの」「時」「人」などの簡単な名詞を補っておけば、ひとまずオッケー！（あるいは、「体言（＝名詞）の代用」というはたらきを持つ助詞「の」を〝つなぎ〟として補うのもアリです。）もっと具体的な名詞が思い浮かぶなら、それでももちろんいいですよ。

ワザ46 省略内容補いのワザ② 【パターン的中率80%】

連体形／非活用語 ＋ に ＋ 係助詞 ＋ 「あらむ（あらめ）」、。」 ←補う

にぞ（あらむ） にこそ（あらめ）	～であろう

この「に」は断定の助動詞「なり」の連用形です。補い部分の「あらむ」は、ラ変動詞「あり」＋推量の助動詞「む」。このパターンは「にや（あらむ）。」「にこそ（あらめ）、」などの省略表現で、省略されているとはいえ、係助詞と「む」の部分で係り結びは成立するので、「こそ」が使用されているパターンでは「む」は已然形「め」にして補います。疑問の係助詞「や・か」が使われていれば「～であろうか」と訳し、強意の係助詞「ぞ・なむ・こそ」が使われていれば「～であろう」と訳します。

〈例〉

にや（あらむ）	～であろうか

＋プラスアルファα

「あらむ（あらめ）」のかわりに、「ありけむ（ありけめ）」と過去推量の助動詞を用いたり、「侍らむ（侍らめ）」などと敬語を用いた表現を補った方が最適の場合もあります。他の文末などをチェックしてトーンをあわせましょう。

次は、**古代人にとって、当たり前過ぎて、書いていないパターン**をみてみましょう。

ワザ47 省略内容補いのワザ③【パターン的中率70%】

古文表現	具体的内容
・「花」といったら、	桜
・「山」といったら、	比叡山延暦寺《ひえいざんえんりゃくじ》
・「遊び」といったら、	詩歌管弦の遊び
・「行《おこな》ふ・勤《つと》む」は、	仏道修行
・西にあるのは、	極楽
・「明《あ》く」のは、	夜
・「暮《く》る」のは、	日
・突然、「思ふ」とあれば、	「愛しく思う」か「不安に思う」

みんなも、友達同士で「遊ぼうぜ！」といったら、「やっぱりあれだよね！」みたいな定番の「遊び」ってありませんか？ 古文で「遊び」といったらそれは**「漢詩や和歌を詠んだり、楽器の演奏をしたりすること」**です。このように、いちいち言わないでもわかるいわば「暗黙《あんもく》の了解」の内容もよく省略されます。

「行ふ」という言葉は、基本的な意味は現代と同じで、何を行ってもいいんですが、唐突《とうとつ》に「行ふ」とあれば、**「仏道修行をする」**という意味に特定されます。

同様に、**「思ふ」**内容は本当に様々ですが、「何をどう思う」と言わずに、唐突に「思ふ」とある場合は、**「愛しく思う・大事に思う」**か**「不安に思う」**かのどちらかです。

「明く・暮る」は、**年が明けたり暮れたりする意味**でもよく使われますが、たいていは夜が明ける・日が暮れる意です。

本文を読解する際に、「こう読むのかな？　それとも別の意味ではとれないかな？」とあれこれ考えるのはとても大切なことなので、ぜひしてほしいのですが、具体化の定番パターンがあるものはこうして知識として持っておくとてっとり早いですよ♪

では、次の（例）で確認してみましょう。

（例）
（兄は）三人の弟たちにも、「な嘆き給ひそ。父恋しくば、ただ**西**に向かつて南無阿弥陀仏《なむあみだぶつ》と唱《とな》へて、**西方極楽**に往生し、父御前と一つ蓮《はちす》に生まれ合ひ奉らんと思ふべし」と、おとなしやかにのたまへば、三人の君達、各《おのおの》、**西**に向かつて手を合はせ、礼拝《らいはい》しけるぞあはれなる。
（保元物語）

訳 （兄は）三人の弟たちにも、「お嘆きになるな。父が恋しければ、ただ西に向かって『南無阿弥陀仏』と唱えて、西方極楽に往生して、（そこで）父上と同じ一つの蓮の上に生まれ申しあげようと考えなさい」と、大人びておっしゃるので、三人のお子様たち（＝弟たち）は、それぞれ、西に向かって手を合わせ、深々と頭を垂れたのはしみじみといたわしいことだ。

「極楽（浄土）」は、阿弥陀仏が作ったとされる世界で、古文の人たちのあこがれの世界です。私たちがいるこの世界から、十京《けい》光年とか一千京光年かかるといい、とにかくはるか遠くの西の方角にあると言われています。

この人間界には様々な苦しみがありますが、極楽は苦しみがゼロだということで、人々は「来世は極楽に生まれたい」と願ったんですね。ここでは「西方極楽」という語がありますから、「西」に何があるのか具体化しやすい本文ですが、唐突に「西」と出てきて「極楽」をあらわすこともあります。**「西に向かって念仏を唱える」**とか**「西に向かって手を合わせる」**といった表現は、**極楽に生まれる（＝往生する）ことを願っての行動**なんだと覚えておきましょう。

＋プラスアルファ α

入試で出題される古文は、大半が、平安時代から江戸時代までの本文です。平安時代以降現代にいたるまで「花」といったら桜ですから、古文で「花」と出てくれば、普通は「桜の花」を指します。でも、実は、その一時代前の**奈良時代**では、「花」といったら**梅**だったんですよ。

入試古文の中でも、桜以外に、梅・菊・萩《はぎ》・女郎花《おみなえし》など、様々な花が登場します。直前で桜以外の花が話題になっていれば、「花」とだけ書いてあっても、その話題になっていた花を意味することになりますから、気をつけてくださいね。

どんどん行きますよ！ 次は、古代人全般ではないけど、**作者本人にとっては当たり前なので、省略しているパターン**です。

ワザ48 省略内容補いのワザ④【パターン的中率80%】

『蜻蛉日記』では、夫兼家への不満が、いつもある！
『土佐日記』では、亡き子への思いが、いつもある！

日々の積み重ねでできた思いや、かけがえのないものをなくした喪失感《そうしつかん》は、簡単に消え去るものではありません。意識・無意識にかかわらず、常に心の奥底にあり、きっかけ一つであふれ出てしまうものなのでしょう。

『蜻蛉日記』や『土佐日記』の作者たちの心もそんな状態です。常に「夫への不満」や「亡き子への思い」が胸にあるんですね。ただ、みなさんは、作品全体を通しで読むことはほとんどないでしょうから、感覚としては「急にわけのわからないことを言い出した！」という感じになると思います。基本的にこういう思いがあると知っていれば、突然の展開にも、何を言い出したのか、焦《あせ》らずに済みますよ。

例

四日。舵《かぢ》取り、「今日、風雲のけしき甚《はなは》だ悪《あ》し」と言ひて、舟いださずなりぬ。しかれども、ひねもすに波風たたず。この舵取りは、日もえはからぬ者なりけり。この泊まりの浜には、種々《くさぐさ》のうるはしき貝、石など多かり。かかれば、ただ昔の人を恋ひつつ、舟なる人の詠める、

寄する波うちも寄せなむ我が恋ふる人忘れ貝おりて拾はむ

（土佐日記）

訳　四日。船頭が、「今日は、風と雲の様子がとても悪い」と言って、舟を出さないことになった。しかし、一日中波風は立たない。この船頭は、天候も予測できない人であったことよ。この港の浜辺には、さまざまな種類の美しい貝や、石などが多い。そこで、ただひたすら昔の人（＝昔亡くした子）のことばかりを恋しく思いながら、舟の中の人が詠んだ（歌）、

寄せる波よ、私が恋しく思う人を忘れさせてくれるという忘れ貝を（浜辺に）うち寄せてほしい。（そうしたら私は）下りて拾おう。

傍線部「昔の人」「我が恋ふる人」って誰のことか、想像できましたか？

作者たちは船旅の途中で、ここは、舵取りが天気が悪くなると予測したために出港できなくなった場面です。浜辺にはキレイな貝や石があります。

そんな中、突然「昔の人」を思い出し、その「恋ふる人」を思う和歌を詠んでいます。前後にその人物について特に何も触れてもいませんから、かなり唐突な感じです。「昔の人？　誰それ？」となりそうなところですが、先ほどのワザ48を思い出せば、「あ！　これは『**土佐日記**』**だから、亡くした子のことだな**」とわかります。貝を見ても何を見ても亡き子を思い出してしまうんですね。

さて、省略のパターンをいくつか見てきましたが、最後にもう一つ、「**二回目だから省略！**」**というパターン**をおさえましょう。現代語でもそうですが、何度も同じ内容を繰り返すのは、丁寧かもしれませんけど、くどいですよね。そこで、省略するわけです。この省略は、きまったパターンはなく、省略内容も様々です。そこで、次のような点に着眼して対処しましょう。

ワザ49 省略内容補いのワザ⑤

困ったときは、類似表現を探せ！

読解したい箇所には省略があって、何をいっているのかイマイチ把握できないときは、本文中の別の場所に類似表現がないか探してみてください。あれば、その前後には省略されていた内容を含め豊富に情報がついている、ということが少なくありません。困ったときには、ぜひ**本文中にある、類似表現を探しましょう！**

これは、この章最後の「入試問題に挑戦！」で実際にやってみますね。

テーマ7 発想パターンと行動パターン

こう言ってはなんですが、古文世界の人々は、発想パターンも行動パターンも、ワンパターンです。現代のように情報があふれているわけでも、自由に行動できるわけでもありませんから、だいたいみんな似たような感じになるんでしょうか。

細かいところはともかく、おおまかにでも、**発想パターンと行動パターンを押さえておけば、行動の意味や発言の趣旨が理解しやすくなりますし**、**お話の展開もよめちゃう**場合も出てきますよ。これは、押さえないテはないですね♪

まずは、恋愛に関するパターンを見てみましょう♪

ワザ50 発想パターンと行動パターンに注目するワザ①

【パターン的中率75%】

恋愛パターン

① 恋愛のきっかけは、素敵な女の子の**噂**《うわさ》か、**垣間見**《かいまみ》（＝のぞき見）

女の子、外出しないから……

② 男の子は、気になる女の子に和歌をおくる

和歌も詠めなきゃ恋はできない！

③ たいてい、最初は返事はない

軽い女だと思われることはしません

④ 場合によっては、女の子にお付きの女房を、味方にひきいれる

女房に恋のキューピッドになってもらう

⑤ 何度か和歌をおくるうちに、女の子直筆の返事が届く

返事さえもなければ、失恋決定……

⑥ 許可を得て女の子のもとを訪れ、御簾《みす》（＝レースのカーテンのような役割のもの）を隔《へだ》てて対面する

でも女の子のナマの声は、簡単には聞かせません

⑦ 御簾の内に入り、一夜を共にする

カップル成立！

⑧ 逢瀬《おうせ》（＝デート）は、日が暮れてから夜明け前まで。逢瀬の場所は、いつも女の子の部屋

プライベートの時間帯は、夜なのです

⑨ 逢瀬の後は、できるだけ早く「**後朝《きぬぎぬ》の文《ふみ》**」を女の子におくる

遅いと、女の子は「嫌われた」と思って、大ショック！

最も一般的な恋愛パターンはこんな感じです。もちろんこれ以外にも、旅先で出会った女の子と速攻でつきあうとか、親を介する場合などもありますよ。

女の子が随分もったいつけているように思えますか？　でも、当時の女の子は、相手の男の子次第で、その後の人生が決まってしまいます（入試で扱う「古文」の時代では、現代のような婚姻届《こんいんとどけ》も戸籍《こせき》もないので、これらの行動で、事実上結婚成立です）から、女の子側は、それはもう慎重に、男の子の誠実度や将来性などを、見きわめているんですよ。

そうした中で、みずから外出などまずしない「深窓《しんそう》のお姫様」にとっては、女房は、世間と自分をつなぐ大事な情報提供者としての役割もありました。

姫君に恋心を抱く男の子としては、姫君にお付きの女房を自分の味方に引きこむことに成功すれば、自分に有利な情報を姫君に伝えてもらえたり、あるいは、女房から、姫君側の様々な情報を入手できます。かなり強力な助っ人を手に入れたことになりますね。

ところで、「深窓のお姫様」は常に室内の御簾の内側にいます。だから、男の子はふつう、「垣間見」でもしない限り、女の子の顔を見ないまま、結婚に至ります。

男の子としては結婚した相手の顔を見て「ちょっとイメージと違ってガッカリ……」となることもありますが、一夫多妻の結婚スタイルが普通なので、「まあ、これはこれでいいか」という感じのようです。

女の子の方は、御簾越しにうっすら男の子の姿を見ています（御簾の内側から外側は多少見えます）が、実は浮気性の男の子だったなど、相手の男の子が「思っていたのと違ってガッカリ……」な場合は、悲劇です。

女の子は一人の男の子としかつきあいませんから、つらくても耐えるしかないんですね。

また、女の子の部屋に入ることが許される異性は、血縁関係にある父・兄弟、あるいは夫のみです。だから、男の子が女の子の部屋の中に入っていたら、それはすなわち親密な仲だと考えていいわけですね。

続いては、結婚パターンです。

ワザ51 発想パターンと行動パターンに注目するワザ②

【パターン的中率70%】

結婚パターン	
① カップル成立の一夜の後は、男の子は女の子のもとに三夜連続で通わなければいけない	できないと、非難囂々《ごうごう》です
② 三日目の朝、**「三日夜《みかよ》の餅」**を食べ、正式に結婚が成立する	いわば「ウエディングケーキ」これで親が認める
③ **一夫多妻**なので、妻が複数いる	ハーレム状態ではありません！妻はそれぞれの自宅に住んでいます
④ **通い婚**（≒別居婚）が多い	同居婚もないわけではない
⑤ 男の子が女の子のもとに定期的に通い続ける間が「結婚している状態」	通わなくなれば、離婚したことになります
⑥ 女の子側が男の子の面倒を見る	服とかいろいろなものを女の子の親が世話をします
⑦ 子どもができたら、母の邸《やしき》で育てる	

ワザ52 発想パターンと行動パターンに注目するワザ③

【パターン的中率90%】

今度はテーマがガラッと変わって、病気やその治療に関するパターンです。

『源氏物語』の中には、「ちょっと体の調子が悪くてニンニク食べたから、今日はデートできないわ」なんて言う女の子も出てくるように、民間療法も行われていたようですが、古文で描かれるのは、圧倒的に**加持《かじ》祈祷《きとう》のパターン**です。「頭が痛い」「目が痛い」など、ほとんどすべてが、**「物《もの》の怪《け》のせい」**なんです。

病気・治療パターン

① 病気は**物《もの》の怪《け》**（＝死霊《しりょう》・生き霊など）が人に取り憑《つ》いて引き起こすもの

② 体力がない人や出産前後の女性に取り憑くことが多い

③ 陰陽師《おんみょうじ》や僧に悪霊退散の**加持祈祷《かじきとう》**（＝お祈り）をしてもらう（＝これが病気治療）

悪霊のいやがるお香をたいてお経を読んだりします

④ 物の怪の恨《うら》みが深いほど、取り憑いたら離れない

祖父母の代の恨みを孫が受けるなんてこともあります

⑤ 加持祈祷が効果を発揮しだすと、物の怪はしゃべりだす

恨みの原因とか、どうしてほしいのかなど

⑥ 物の怪の願いをかなえてやると約束すると、物の怪は退散する

⑦ 物の怪が退散すれば、病気は治る

⑧ 物の怪が退散しない場合は、取り憑かれていた人間は死に至る

ワザ53 発想パターンと行動パターンに注目するワザ④

【パターン的中率90％】

出家・死のパターン

① 貴族はほぼ全員死ぬ前に出家する

仏門に入る、ということ

②目的は、来世で阿弥陀仏《あみだぶつ》が作ったとされる**極楽《ごくらく》浄土《じょうど》**に生まれ変わること

人々は、輪廻転生《りんねてんしょう》（＝生まれ変わり）を信じています

③そのために、人々は**出家**をし**仏道修行**に励《はげ》む

髪《かみ》を剃《そ》り（女性は「尼削《あまそ》ぎ」といわれる肩あたりで切りそろえる髪型）、服も出家者用の地味色のものを着用、住まいも山中に引っ越しします

④出家の際には、俗世における地位や人間関係など、すべてを捨てる

なかなか捨てきれないから苦しいんです……

⑤出家のタイミングは、人それぞれ。多いのは、**「大事な人との死別」「失恋」「病気」「高齢」**

「ご主人様が出家したから私も……」というパターンもあります

⑥極楽浄土は**西の方角**にある

十万億土かなただそうです（それは、私たちの世界から十京光年とか一千京光年とか、かかる所にあるらしい……）

⑦極楽往生《おうじょう》（＝極楽に生まれ変わること）できた証《あかし》は、**紫の雲**と**いい香り**

古代の人々が来世に行きたいのは「天国」ではありません。**「極楽」**です。輪廻転生は、「天道《てんどう》・人道《じんどう》・修羅道《しゅらどう》・畜生道《ちくしょうどう》・餓鬼道《がきどう》・地獄道《じごくどう》」の六道（6つの世界）の中で繰り返され、それらは、多い・少ないの差はあれ、苦しみがある世界だとされます。それに対し、極楽浄土は苦しみがないそうですから、目指すはやっぱり極楽！ということになるんでしょうね。

ちなみに、現在の幸・不幸は、前世の行いによって

決まると考えていたので、「**さるべきにやありけむ**（＝前世からの運命だったのだろうか）」のような表現が、古文ではやたらと出てくるんです。

古文の世界は仏教第一主義ともいえる世界ですから、出家をすることは一般的にはスバラシイことです。

ただ、身近な家族にとっては親子の縁などを切らねばならないことになるので、やはりつらいもので、たいていの場合は「何も今出家しなくても……」とひきとめようとしています。

入試問題に挑戦！

次の文章を読んで、後の問いに答えなさい。

下毛野武正《しもつけのたけまさ》といひける随身の、関白殿（注1）の北の対の後ろを、まことにaゆゆしげに通りけるに、局《つぼね》の雑仕、「あなゆゆし。b（注2）はとふく秋とこそ思ひ参らすれ」と言ひたりければ、「追捕《ついふ》され（注3）」と言ひてけり。女、心憂げにてかくれにけり。随身所にて、秦兼弘《はたかねひろ》といふ随身にあひて、「北の対の女《め》の童《わらは》べに、さんざんにのられたりつる」と言ひければ、「いかやうにのられつるぞ」と問はれて、「はとふく秋とこそ思へ」と言ふに、兼弘は、cかやうの事、心得たるものにて、「くちをしき事のたまひけるかな。府生殿《ふしやうどの》（注4）を思ひかけて、言ひけるにこそ。

深山《みやま》出ではとふく秋の夕暮れはしばしと人を言はぬばかりぞ

といふ歌の心なるべし。しばしとまりたまへと言ひけるにこそ。無下に色なく、いかにのりたまひけるぞ」と言ひければ、「いでいで、さては色なほして参らせむ」とて、ありつる局の下口《しもぐち》(注5)に行きて、「物うけたまはらむ。武正、はとふく秋ぞ、ようよう」と言ひたてりける、いとをかしかりけり。

(今物語)

(注) 1 関白――藤原忠通(一〇九七〜一一六四年)。
2 はとふく――猟師が、両手を合わせてはとに似た声を吹き鳴らすこと。
3 追捕され――「悪者」の意で、相手に対する悪態の言葉。
4 府生――六衛府や検非違使庁の下役。ここでは、武正をさす。
5 下口――後方の出入り口。

問一 傍線部**a**「ゆゆしげに」の解釈として、次の①〜⑤のうち、どれが最も適当か。一つ選びなさい。

① 非常にみすぼらしい様子で
② 威儀を正した立派な様子で
③ 見るからにうとましい様子で
④ さも深刻そうな様子をして
⑤ 質素な落ち着いた様子で

問二 傍線部**b**「はとふく秋とこそ思ひ参らすれ」とあるが、局の雑仕はどのようなことを言おうとしたのか。次の①〜⑥のうち、最も適当なものを一つ選びなさい。

① しばらくの間でも足をとめて下さい。お話ししたいと思います。

② その身なりは、あなたにはまったく似合わないと思います。
③ 美しいお着物ですね。どこのお方か知りたいと思います。
④ 秋の山を思い出させるような、うらさびしいお方と思います。
⑤ 高い身分の方とお見受けします。お付き合い願いたいと思います。
⑥ このなぞがお分かりでしたら、しかるべきお答えをいただきたいと思います。

問三 傍線部C「かやうの事」とあるが、具体的にはどのようなことをさすか。次の①～⑤のうちから、最も適当なものを一つ選びなさい。

① 男女間の心の機微
② その場その場の機知
③ 和歌などの文学的素養
④ 世間の常識
⑤ なぞ解きの技術

〈共通一次〔改〕〉

〈解答欄〉

問一 ［　　］

問二 ［　　］

問三 ［　　］

（注）もありますし、見るからに難解そうな単語満載というわけでもないのに、全体としては何を言っているのか、つかみにくい本文でしたね。

問題文図解

下毛野武正《しもつけのたけまさ》といひける随身の、関白殿（注1）の北の対の後ろを、まことにゆゆしげ（a）に通りけるに《ところ》、局《つぼね》の雑仕、「あなゆゆし。**はとふく秋**（注2）（b）とこそ思ひ参らすれ」と言ひたりければ《ので》、「追捕《ついふ》（注3）され」と言ひてけり。女、心憂げにてかくれにけり。随身所にて、秦兼弘《はたかねひろ》といふ随身にあひて、「北の対の女《め》の童《わらは》べに、さんざんにのられた《ののしられ》りつる」と言ひければ《ところ》、「いかやうにのられつるぞ《ののしられたのだ》」と問はれて、「**はとふく秋**とこそ思へ」と言ふに《と》、兼弘は、

護衛などをする男の家来 SPみたいなもの
が
後で「女の童べ」と言い換えられるので、女の子の雑用係
が
どちらもプラスの意味
「はとふく秋」の意味から逆算
局の雑仕のこと
は
武正に
武正は
武正が
ボク（＝武正）は
1行目と同じ「北の対」がヒント ＝局の雑仕のこと
＝罵《の》る
兼弘が
キミ（＝武正）は
局の雑仕に
武正は
とののしられた
補う

c

かやうの事、心得たるものにて、「くちをしき事のたまひけるかな。府生殿《ふしやうどの》（注4）を思ひかけて、言ひけるにこそ。

深山《みやま》出で**はとふく秋**の夕暮れは**しばし**と人を言はぬばかりぞ

といふ歌の心なるべし。**しばし**とまりたまへと言ひけるにこそ。無下に色なく、いかにのりたまひけるぞ」と言ひければ、「いでいで、さては色なほして参らせむ」とて、ありつる局の下口《しもぐち》（注5）に行きて、「物うけたまはらむ。武正、はとふく秋ぞ、ようよう」と言ひたてりける、いとをかしかりけり。

残念な／好意を抱いて／ない／足をとめてください／ののしり／ので／滑稽だった

を／キミ（＝武正）は／を／局の雑仕は／に対して／あらめ／「はとふく秋とこそ思ひ参らすれ」と／を／に対して／足をとめてください／補う／要するに／局の雑仕は／あらめ／キミは／「追捕され」と／兼弘が武正に／武正は／を／武正は／局の雑仕がいた局／武正は／ボクは／を／連体形直後に名詞を補う／ことは／自分のこと／は／局の雑仕に

設問の解き方

※問二から解決した方がわかりやすいので、そうしますね♪

問二　ワザ49を使用！

今回は類似ではなくまったく同じ表現ですが**「はとふく秋」**に注目。本文中何回か出てきますが、ここでは、狙い目は一番情報量が豊富なところです。ここでは、**和歌の箇所**。「はとふく秋」が和歌の一部だったことがわかりますね。

和歌の一部の引用は和歌を丸ごと引用したのと、実は同じですから、後は、この和歌全部を訳せたら、「はとふく秋」が何を言おうとした言葉だったのかも判明するはずなのですが、ここはこの和歌がまた難解です。

そこで、無理に和歌の訳だけで何とかしようとせず、本文中にある**兼弘の解説にも注目**しましょう。この和歌の引用は、「府生殿（＝武正）を思ひかけ（＝好意を抱いて）、言ひける」もので、「しばしとまりたまへ（＝ちょっと足を止めてください）と言ひけるにこそ（＝言ったのであろう）」と説明してくれていますね。古文の世界では珍しく、女の子の方から男の子をナンパしているところです。**正解は①**です。

問一　ワザ40を使用！

「ゆゆしげなり」は**形容詞「ゆゆし」**に**「～げなり」**（見た感じ～の様子だ）がついてできた**形容動詞**。中心となる意味は「ゆゆし」と変わりません。ほぼ正反対といえるほど、大きく意味に幅がある語なので、まずは、**プラスの意味かマイナスの意味か場面から荒づかみしましょう**。

この場面は、問二で見たように、女の子が武正に好意を抱いて声をかけている所でしたよね？　声をかけたくなる程の武正の通行中の姿なんですから、ここの「ゆゆしげに」は**プラスの意味**。選択肢中、あきらかにプラスの意味なのは、**②**。

問三　ワザ42を使用！

指示語は直前を指すので「はとふく秋」あたりを

指すのかな、とはわかるのですが、傍線部cの時点では、その「はとふく秋」の謎が解けてませんから、ここだけでは答えが決まりません。

そこで、やはり「はとふく秋」の謎解明の部分である**傍線部直後にも注目**して、「かやうの事」＝このような事→「はとふく秋」のような事→**和歌に関する事**と理解しましょう。

恋愛話でもある本文でしたから、選択肢①に手を出したくなるところですが、兼弘が「男女の事」のエキスパートなら、そうした知識がその後で語られているはずです。ここは和歌の心得のある人ととるのがふさわしいですね。**正解は③**。

設問解答

問一 ②　問二 ①　問三 ③

現代語訳

下毛野武正といった随身《ずいじん》が、関白殿《かんぱくどの》のお邸《やしき》にある北の対《たい》の建物の後ろを、実に威儀《いぎ》を正した立派な様子で通ったところ、部屋の雑用係の女が、「まあすごい。『はとふく秋』と思い申しあげます」と言ったので、（武正は）「バーカ！」と言ってしまった。女は、つらそうに隠れてしまった。随身の詰所《つめしょ》で、秦兼弘という随身に会って、（武正は）「北の対の召使いの女に、ひどくののしられてしまった」と言ったところ、（兼弘が）「（キミは）どのようにののしられたのだ?」と尋ねられて、（武正は）「『はとふく秋と思う』（とののしられた）」と言うと、兼弘は、このようなことに、心得のある者で、「（キミは）残念なことをおっしゃったものだなあ（それは部屋の雑用係の女が）あなたに対して好意を抱いて、言ったのだろう。（その『はとふく秋』は）

　深い山を出て猟師が鳩の鳴き真似をする秋の夕暮れは（本当に寂しく人恋しいので、猟師が鳩の鳴き真似の声を出すように、私があなたに声をかけるのは）『しばらく足をとめて』と口には出さないだけで（思ってはいるんですよ）

という歌の意味であるだろう。（要するに、部屋の雑用係の女はキミに）『しばらく足をとめてください』と言ったのであろう。(なのにキミは) ひどく無風流に、なんとののしり(返し) なさったのだ」と言ったので、(武正は)「さあさあ、それでは改めて風情のある答えをして差し上げて来よう」と言って、先ほどの雑用係の部屋の裏口に行って、「お話をうかがいましょう(→ごめんください)。ボクは、『はとふく秋』だよ、ねえねえ」と言い立てていたことは、とても滑稽《こっけい》だった。

第五章 本文整理法

小さいまとまりを作ると理解しやすい！

整理して読むことを意識する！

みなさんが「難しい！」「読みにくい！」と言う本文は、たいてい**一文一文が長い**もののようですね。長い一文の中で、主語が変わったり、「ああでもない、こうでもない」なんてダラダラ書いてあるから、だんだんわけが分からなくなってしまう……。古文の時代には、論理的に整理して書こうという意識もたぶんないでしょうから、そこは、私たちの方が整理して読んでいくことでわかりやすくなるように工夫しましょう。

たとえば軍記物語のように、一文が短いと、本文全体が結構長くても、割と読みやすいと思いませんか？　そんなふうに、長い一文をできるだけ、〝小分け〟にしていけば、きっとわかりやすくなるはず。コツは**「小さなまとまりを作ること」**ですよ♪

テーマ1 カギカッコ「　」をつけよ！

ワザ54 カギカッコの補いのワザ①

「　」をつける箇所の特定は、まずは、**終わりのカギカッコ**から！

古文のリアルタイムの時代には、「　」**はおろか、句読点も考案されていません**。句読点も「　」もなしでは、さすがに私たち現代人には読みにくくて仕方ありませんから、私たちが普段「古文」として目にするものには、現代人の誰かによって、適宜《てきぎ》、句読点などがつけられています。

それでも、句読点はともかく、「　」の方は、結構ひかえめについていることが多いので、印刷された本文にない箇所は、**自力でつけていきましょう。**「　」をつけることで、その部分が小さなまとまりになり、理解しやすくなるのです！

「　」をつける場所の発見は、「　」の開始箇所より、**終了箇所の方が断然見つけやすい**ので、まずは、終わりのカギカッコをつける場所探しから始めます。次のワザ55から、具体的にカギカッコ終了箇所の発見法を見ていきましょう。

ワザ55 カギカッコの補いのワザ② 【パターン的中率90%】

「と」の直前に、終わりのカギカッコをつけよ！

(例) 〜 」と言ふ／〜 」と思ふ

助詞「と」は、現代語でも「〜と言う」「〜と思う」などと用いますよね。このように、助詞「と」の直前は、具体的に言ったセリフや、心の中で思ったセリフがあります。古文も同様ですから、**助詞「と」を目印に、その直前に、〝終わりのカギカッコ〟をつけましょう。**

＋プラスアルファα

助詞「と」は、〝引用〟を表す用法以外に、「リンゴとミカン」のような〝つなぎ〟の「と」もあります。**〝つなぎ〟の「と」の前はセリフではありませんから、「　」はつけません。**逆にいえば、〝つなぎ〟の「と」以外は、「〜と言ふ」「〜と思ふ」以外でも「〜と見る」「〜と書く」「〜とあり」なども含めて、積極的に「　」をつけて、小さなまとまりを作っていきましょう。

「と」だけでなく、次の場合にも、**直前に〝終わりのカギカッコ〟をつけます。**

ワザ56 カギカッコの補いのワザ③【パターン的中率90%】

「とて」「など」の直前にも、終わりのカギカッコをつけよ！

（例）〜」とて、／〜」など言ふ

「とて」は、「〜と言って」「〜と思って」の意味で使われることが多い表現です。口に出して言っているのか、心で思っているだけなのかは文脈判断しなければいけませんが、いずれにせよ、**多くは「とて」の前には具体的なセリフがある**ので、「とて」の直前に〝」〟をつけましょう。

「など」は、**たくさん話した中の代表的なセリフを述べるときに使うもの**です。やはり直前に〝」〟を書き込みます。

「と」「とて」「など」の直前に〝終わりのカギカッコ〟をつける。これは目印さえ見つかればできますから、今すぐにでもつけられますね。

さて、終わりのカギカッコが特定できたら、次は**始まりのカギカッコをつける箇所を特定しましょう**。でも、実はこちらの方は、それほど簡単にはいきません。パターンがいろいろあるんです。

始まりのカギカッコ（「）特定パターン

① ○○いはく、「～

② ○○いふやう、「～

③ ○○いひけるは、「～

④ ○○いへば、△△が「～

⑤ ○○、「

＊○○には**人物**が入ります
△△には**○○以外の人物**が入ります

〝始まりのカギカッコ〟をつけるパターンをいくつかあげましたが、これ以外にもいくらでもあります。これはもうパターンを覚えるより、〝終わりのカギカッコ〟からさかのぼりつつ、文脈で判断した方が早そうです。

そこで、文を精査して、「　」の内か外かを判断するポイントをいくつか紹介しますね。

「　」の内か外かの判断ポイント

① 「我」「君」
などの人称代名詞→**誰を指すのかによって、「　」の内か外かを判断**

② 「誰がどうした」「何がどうなった」
などの状況説明→**「　」の外**

③ 命令形・疑問文・感動詞→**「　」の内**

「我」「君」などの**人称代名詞**は、「　」の内外どちらにもあらわれますが、「　」の内外どちらかによって、指し示す人物が変わるので、判断材料に使えます。
たとえば、**「我」を「　」の外だと判断**すると、その「我」はたいてい**作者を指す**ことになりますが、**「　」の内なら、会話主自身のこと**になります。文脈上、どちらの人物と取るべきか、で、「　」の内か外かが判断できますよね。

「君」は、「天皇・主君・身分の高い人・あなた」などの意味をもち、かなり広い範囲の人物をあらわすことのできる語ですが、自分を指すことはありません。

また、「姫君」「若君」などの「〜君」は、現代の「〜様」と同じような敬称です。だから、**「姫君」が自分のことを「姫君」と言うのは**、「私姫様が〜」と言っているのと同じで、おかしな言い方ですから、そのあたりは**「　」の外か、「君」以外の人が話している箇所**ということになります。

練習問題

次の文章中に適宜「　」をつけなさい。

翁いふやう、我、朝ごと夕ごとに見る竹の中におはするにて知りぬ。子になりたまふべき人なめりとて手にうち入れて、家へ持ちて来《き》ぬ。

（竹取物語）

いきなり、会話の始まりのパターンが目に付きます。さっきお話しした特定パターン②ですね。**「翁いふやう、」の直後に始まりのカギカッコをつけましょう**。

でも、もし始まりのカギカッコをつけるパターンを思い出せなかったとしても大丈夫。そもそも普通は、こんなにわかりやすく始まりの箇所があらわれないのですから、カギカッコのおしまい部分から特定できればOK。ここは、1行目に**「とて（＝と言って・と思って）」がありますの**で、まずは、**その直前に終わりのカギカッコをつけます**。

会話の終わりを確定したら、そこからさかのぼって、会話の最初を探しましょう。すると、冒頭付近に、**「我」を発見**できますね。この「我」を「　」の外にしてしまうと、『竹取物語』の作者が突然あらわれることになって、明らかにヘンです。つまり、この**「我」は「　」の内側！** **「翁いふやう**（＝おじいさんが言うことには）」は、「誰がどうした」という状況を説明しているところなので、**「　」の外**。つまり、「翁いふやう」と「我」の間に、始まりのカギカッコをつければ、完成です♪

図解

翁〔が〕いふやう、〔「〕我〔が〕、朝ごと夕ごとに見る竹の中におはする（いらっしゃる）にて〔こと〕知り（分かった）ぬ。〔私の〕子になりたまふべき人なめ（である）り（ようだ）〔」〕**とて**（と言って）〔翁は〕手にうち入れて、〔翁は〕家へ持ちて来《き》ぬ（来た）。

答 右の図解を参照

訳 おじいさんが言うことには、「わしが、毎朝毎夕見る竹の中にいらっしゃることで分かった。（わしの）子どもになりなさるべき人であるようだ」と言って手の中に入れて、家へ持って帰って来た。

さらに、複雑なものになると、「　」の中に、もう一つ「　」をつけなくてはいけないものも出てきます。「　」の中に「　」をつけるときは、最初の「　」と区別するために、**二重のカギカッコ『　』を使います。**

「と」や「とて」があらわれても、直前に〝」〟をつけるか〝』〟をつけるか、よく考える必要が出てきますから、要注意です。

練習問題

次の文章は、『源氏物語』の一節で、お仕えしていた主人を亡くした女の様子を、源氏の家来である惟光が源氏に報告している場面である。本文中に適宜「　」と『　』をつけなさい。

添ひたりつる女はいかにとのたまへば、それなんまたえ生くまじくはべるめる。我も後れじとまどひはべりて、今朝は谷に落ち入りぬとなん見たまへつる。かの古里《ふるさと》人に告げやらんと申せど、しばし思ひしづめよ、事のさま思ひめぐらしてとなん、こしらへおきはべりつると語りきこゆるままに、いといみじと思して、我もいと心地なやましく、いかなるべきにかとなんおぼゆるとのたまふ。

かなり複雑でしたが、どうでしたか？
うまく「と」や「我」をヒントに使えましたか？

図解

「添ひたりつる女はいかに」とのたまへば、「それなんまたえ生くまじくはべるめる。『我も後れじ』とまどひはべりて、『今朝は谷に落ち入りぬ』となん見たまへつる。『かの古里人《ふるさと》に告げやらん』と申せど、『しばし思ひしづめよ、事のさま思ひめぐらして』となん、こしらへおきはべりつる」と語りきこゆるままに、「いといみじ」と思して、「我もいと心地なやましく、『いかなるべきにか』となんおぼゆる」とのたまふ。

（訳注）はべるめる：と生きていられそうにないように見えます　まどひ：うろたえ　見たまへつる：思いました　こしらへおき：なだめておき

（補足）添ひたりつる女：源氏が　それ：「添ひたりつる女」のこと／惟光は／が　我も後れじ：女が／「添ひたりつる女」のこと　今朝は谷に落ち入りぬ：女が／心のセリフ　見たまへつる：私（惟光）は　かの古里人に告げやらん：女が／私（惟光）に　申せど：私（惟光）が　しばし思ひしづめよ：あなたは　事のさま：を　語りきこゆる：源氏に　いといみじ：源氏は／心のセリフ　我も：源氏は／源氏のこと　心地：が　いかなるべきにか：あらむ　のたまふ：惟光に

答 前ページの図解を参照

訳 「付き添っていた女（の様子）はどうだ？」と（源氏が）おっしゃると、（惟光は）「その女がまたもう生きていられそうにないように見えます。『私も後を追って死にたい』とうろたえておりまして、今朝は『（女が）谷に飛び込んでしまった』と私は思いました。（女が）『あの（ご主人様の）古里の人に（ご主人様の死を）知らせにやろう』と申しますけれど、（私は）『しばらく気をしずめよ。事態をよく考えて』と、なだめておきました」と（源氏に）語り申しあげるにつれて、（源氏は）「実に大変なことだ」とお思いになって、（源氏は）「ボクもとても気分が悪く、『（この先）どうなるのだろうか』と思われる」と（惟光に）おっしゃる。

！ちょっと注意

慣れてきたら、**口に出して実際にしゃべっている「　」と、心の中だけで思っている「　」を区別しましょう。**実際に相手に伝えたか、思っているだけで伝えていないのかで、やっぱり、その後の登場人物の心情や行動など、いろいろと変わってきます。

また、**「〜といふ」などの表現**でも、「なかごろ、高野《かうや》に南筑紫《みなみつくし》といひて、尊《たふと》き聖人《せいじん》ありけり」というような、**名前の紹介だけ**で、誰かが「南筑紫くん！」と言ったわけではない「〜といふ」もあるので要注意です。ただこの場合、「『〜』といふ」の『〜』の部分は、ほぼ一単語ですし、注意さえ払えば、そんなに**見分けは難しくない**はずですので、あまり神経質にならなくても大丈夫ですよ。

入試頻出の**「会話箇所は何箇所ありましたか？」という問題**では、心のセリフはカウントせず、**口に出して言ったセリフのみをカウントします**から、最終的には、口に出したか出してないかの見分けまで必要になります。少しずつレベルアップをはかっていきましょう！

テーマ2 挿入句にまどわされないで！

「挿入句」は、話の本筋とは別に、ちょっとした感想や一言コメントのようなものを、文の途中に入れ込んだフレーズのことです。「くわしくはわかんないんだけど……」とか「ここだけの話だけど……」など、現代語でも、話の途中でちょこっと盛り込むことがありますが、あれと同じです。

現代語であれば、私たちは、聞いた瞬間に、「それは前置きで、この後に言いたいことが出てくるぞ」などとわかるのですが、古文の場合、訳すのに必死ですから、そこまで判断できず、話の本筋と挿入句がぐちゃぐちゃになって、混乱してしまいがちです。

そこで、挿入句にも頻出のパターンがありますので、それをおさえましょう！

ワザ57 挿入句攻略法【パターン的中率70％】

挿入句は〈……、疑問語～推量、……〉！

①「…、**いつ～けむ**（＝いつ～したのだろうか）**、**…」

②「…、**いかで～む**（＝どう～だろうか）**、**…」

などのパターンで、基本的に**文の途中**にあらわれます。

挿入句も、普通に訳していけばいいのですが、あらすじをつかみたいときは、挿入句を、いったん本文からはずして、その前後をつなげます。そうすれば話の本筋が読み取れますよ。

プラスアルファ α

「……、疑問語～推量、……」の**推量表現が省略されている**場合もあります。多いのは下のパターンです。
たとえば、「……、**いかなるにや、**……」のような表現です。この場合、通常、**「や」の後に、「あらむ」「ありけむ」などが省略されている**ので、訳すときに補います。

疑問語 ～ **連体形／非活用語** ＋ **に** ＋ **や** ＋ **、／。／」**

（ありけむ）（あらむ）

に＝**断定「なり」**

＊非活用語＝名詞などの活用しない語のこと

練習問題

次の文章中から、挿入句を抜き出しなさい。

（出家してしまった女の子を）うち見るごとに涙のとめがたき心地するを、「まいて心かけたまはん男はいかに見奉りたまはん」と思ひて、さるべき折《をり》にやありけむ、障子《さうじ》の掛《か》け金《がね》（注）のもとにあきたる穴を教へて、紛るべき几《き》帳《ちやう》など引きやりたり。

（源氏物語）

（注）掛け金――鍵のこと。

〈解答欄〉

どこが挿入句か、わかりますか？　**「さるべき折にやありけむ」**のフレーズですね。**疑問の係助詞「や」と過去推量の助動詞「けむ」で係り結びが成立**し、一つのまとまったフレーズになっています。

話の本筋は、出家してしまった女の子に好意を抱く男の子に同情した人が、「障子」に穴があいている所を教えて、邪魔な物を取り除いて女の子の姿をのぞき見（こういうのを「**垣間見**《かいまみ》」と言います）させてあげるというものです。人目もありますから、普通はそんな機会はなかなかないはずです。そこで、「さるべき折にやありけむ（＝それにふさわしい機会であったのだろうか）」というフレーズを挟《はさ》み込んでいます。

古文の挿入句は、読者が疑問に思いそうなことを先回りして言うケースが多いようです。「そういう機会であったのだろうか」とか「どうしてだろうか」などと、答えにならないことを言いながらも、読者の疑問に配慮《はいりょ》することで、突然の展開にも読者がついて来られるようにする一面があります。

ちなみに、先ほどの問題文中の「**いかに見奉りたまはん**」のところも、「**疑問語〜推量**」**の形**ですが、文末に位置しており、**文の途中ではありません。内容的にも話の本筋にあたる箇所ですので、挿入句ではありません。**

＋プラスアルファ α

挿入句などで盛り込む、本筋から離れた内容としては、読者の疑問の先回り以外にもいろいろあります。

たとえば、作者や語り手（＝ナレーター）が、自らの感想をふと述べたり、謎の種明かしを言ったり、補足説明を加えたりもします。

また、読者に向かって、「どれほどひどかったか想像してみてくださいよ！」などと訴えたり、「偉《えら》そうに言いましたが、私だってたいしたことないんですよ」なんて、言い訳めいたことを言い出したりもするんですよ。これらの場合は、ワザ57の〔……、疑問語〜推量、……〕にかぎらず、さまざまな書き方をしています。

図解

（出家してしまった女の子を）うち見るごとに涙〔が〕のとめがたき心地〔が〕するを（ので）、「まいて〔その女の子に〕心かけたまは（好意をよせなさる）ん男は〔女の子を〕いかに見奉りたまはん」と思ひて、〔挿入句〕**さるべき折《をり》にやありけむ**（それにふさわしい機会であったのだろうか）、障子《さうじ》の掛《か》け（注）金《がね》のもとにあきたる穴を〔男の子に〕教へて、紛るべき几《き》帳《ちやう》など〔を〕引きやりたり（取り除いておいた）。

答 さるべき折にやありけむ

訳 （出家してしまった女の子を）ちらっと見るたびに涙が止めがたい気持ちがするので、「まして（その女の子に）好意をよせなさる男の子はどのように（女の子のことを）拝見なさるだろうか」と思って、それにふさわしい機会であったのだろうか、障子の鍵の近くにあいた穴（があるの）を（男の子に）教えて、（女の子の）姿を紛らわすはずの几帳などを、（のぞき見しやすくなるように）取り除いておいた。

テーマ3 内容を整理する

「ストーリーがはっきりしているものは読めるんだけど、あーだこーだ言ってるばっかりで全然話が進まないのは苦手！」……よく耳にします。では今回は、そんな「あーだこーだ」系の本文整理法をお話ししましょう。

「あーだこーだ言ってる」文章の一つに「評論」があります。評論は、作者が自分の考えを述べる文章です。古文の評論は、現代の評論にくらべ、論理的な書き方をしているとは言えないので、「あーだこーだ言っている」「ダラダラ書いてある」といった印象につながるのでしょうね。

さて、評論で、作者が自分の考えや意見を述べる際には、通常、その意見を支える「根拠」も添《そ》えます。古文では「たとえばこういう例がある」と、**読者にもわかりやすい具体例を添えるのが一般的**です。

ワザ58 本文仕分けのワザ①

「意見」と「具体例」を区別せよ！

↓「意見」に注目して、主張をつかめ！

わかりやすく読者に伝えるためには、時にはある程度の分量の具体例をあげる必要があります。入試用にきりとられた本文で見た場合、その大半が具体例、ということもよくあります。そこまで多いと、話の中心はその具体例の方だと勘違《かんちが》いしてしまいがちなのですが、違うので要注意です！

「具体例」は、どんなに長くてもどんなに印象的でも、あくまで「意見」を支えるためにある

ということを肝に銘じておきましょう。つまり、

メイン（最も主張したいこと）は、「意見」の方

にあるのです。長い具体例になればなるほど、読解しているうちに、何のための具体例だったのかを見失いがちなので、気をつけてくださいね。

「あーだこーだ言ってる」本文を「意見」と「具体例」に分け、特に**「意見」の方に注目**していけば、作者が何を言おうとしているのかが、つかみやすくなりますよ♪

では、次ページの（例）で確認してみましょう♪

例

(注1)この道に志の深かりし事は、道因《だういん》入道並びなき者なり。七、八十になるまで、「秀歌詠ませ給へ」と祈らむため、徒歩《かち》より住吉へ(注2)月詣《つきまう》でしたる、いとありがたきことなり。

（無名抄）

（注）1 この道――歌道。
2 住吉へ月詣でしたる――住吉神社に毎月参詣していたこと。

『無名抄《むみょうしょう》』は、鴨長明《かものちょうめい》が記した歌論《かろん》（＝和歌に関する評論）です。どの部分が、作者の意見で、どの部分が具体例かわかりますか？

最初の**「この道に志の深かりし事は、道因入道並びなき者なり**（＝歌道に志の深かった事では、道因入道が他に肩を並べる者のない者である）」が**作者の意見**、**「七、八十になるまで『秀歌詠ませ給へ』と祈らむため、徒歩《かち》より住吉へ月詣《つきまう》でしたる**」が、道因入道の歌道への志の深さを言うための「**具体例**」、そして、そのことを「**いとありがたきことなり**（＝ほんとうにめったにないことである）」としめくくっている部分が、再び**作者の意見**です。

『無名抄』はこの後さらに、道因の歌合《うたあわせ》におけるエピソードや、死んだ後も和歌に関することを言うためにある人の夢にあらわれたエピソードが続きます。いずれもインパクトのあるエピソードですが、それらはすべて、「道因入道ほど和歌に志の深い人はいない」という最初に示した意見を証明するために付けられたもので、**メインは意見の方ですよ！**

(例文図解)

ここが作者の一番言いたいこと!

(注)をヒントに、歌道

(注1)**この道に志の深かりし事は、道因《だういん》入道並びなき者なり。**七、八十になるまで、「秀歌詠ませ給へ」と祈らむため、徒歩《かち》より住吉(注2)へ月詣《つきまう》でしたる、いとありがたきことなり。

- 道因入道 → **が**
- 七、八十 → **歳**
- 「 → **私に**
- 秀歌 → **を**
- 秀歌詠ませ給へ → 詠ませてください
- 」と → **神様に**
- 徒歩より → で
- 月詣で → **を**
- したる、 → **ことは**
- ありがたき → めったにない
- **ここも作者の意見**

訳 この道(=歌道)に志の深かった事では、道因入道が他に肩を並べる者のない人物である。七、八十歳になるまで、「(私に)秀歌を詠ませてください」と神様に祈るために、徒歩で住吉神社へ毎月の参詣をしていたのは、ほんとうにめったにないことである。

ワザ59 本文仕分けのワザ②
「対《つい》」に注目！→作者の意見と反対意見を区別せよ！

ワザ60 本文仕分けのワザ③
「対」の目印は、対義語・類似構文・「は」・「も」！

「意見」と「具体例」を分けても、まだゴチャゴチャしているようなら、次は**「対《つい》」に注目**しましょう。**「明↔暗」「白↔黒」「男↔女」**など、対の表現にはさまざまありますが、古文の評論で多いのが、次の2つです。

○	×
昔 ↔	今
自分 ↔	みんな

しかも、「**昔**の歌はすばらしいが、**現代**の歌はダメだ」「**みんな**はああ言っているが、**自分**はこう考える」

のように、**表の上段を「すぐれたもの・正しいもの」と捉えた主張がほとんど**です。

明確な対義語を使用していなくても、**文全体として対の構文になっている場合もあります**。似たような構造の文が続いたら対の証拠ですよ。

また、**助詞「は」**にも**注目**してみてください。助詞「は」は、**「Aは……、Bは……」**のように、**「対」の形のときによく顔を出す助詞**です。「Aは……」とだけあって、「Bは……」という**対の相手が省略されているときもあります**が、「は」が対の形のときにあらわれやすいと意識していれば、省略の場合にも対応できますよ。

「私は知らないけど……（他の人は知っているかも）」「私はオレンジジュース！（みんなは何にする？）」などと、現代でも実は頻繁《ひんぱん》に使っている形なんですよ。

プラスアルファα

助詞「も」も対の構文でよくあらわれます。

「私もがんばるから！（あなたもがんばって！）」「私も食べる！（他の誰かも食べている）」など、「も」の場合は、**対となる2つは同質のものが並ぶ**のに対し、「は」の場合は、「私は食べる！（あなたは食べないみたいだけど）」「私はがんばる！（あなたはどうする？）」など、他とは区別をつけたいときに用いることが普通なので、むしろ**相反する内容や対立する内容のものが並びます**。

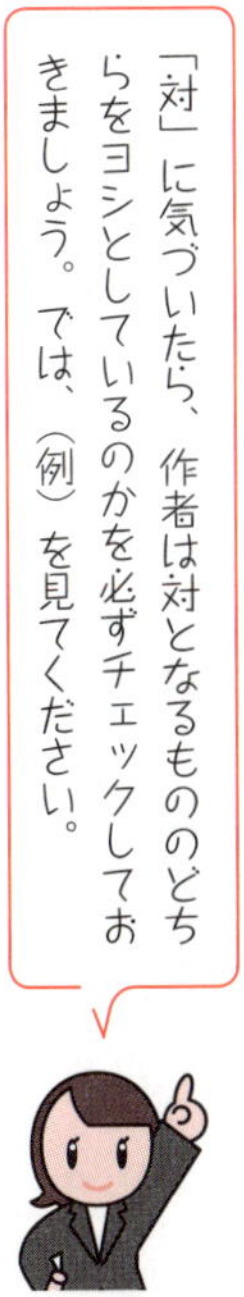
「対」に気づいたら、作者は対となるもののどちらをヨシとしているのかを必ずチェックしておきましょう。では、（例）を見てください。

（例）

おほかた、歌の良しといふは、心を先として、めづらしき節（注1）を求め、詞《ことば》をかざり詠むべきなり。心あれど、詞かざらねば、歌おもて（注2）めでたしとも聞こえず。詞かざりたれど、させる節《ふし》なければ、良しとも聞こえず。めでたき節あれども、優《いう》なる心ことばなければ、またわろし。

（俊頼髄脳）

（注）1　めづらしき節――すばらしい趣向。
　　　2　歌おもて――歌全体の姿。

最初に作者の意見が述べられ、その後、あーだこーだ言っていますね……。

ところで、その**二文め以降が同じような書き方で連続している**ことに気づきましたか？　細かい表現は異なるものの、「Aではあるけれど、Bではないと、Cとは思えない」という構文が三連続です。

① 心　はあるけれど　詞をかざら　ないと、　歌の姿がすばらしい　とも思えない

② 詞　は飾るけれど　たいした趣向が　ないと、良い　とも思えない

---

③ すばらしい趣向　はあるけれど　風流な心と詞が　ないと、それもまた良く　ない

というように、①〜③で「詞《ことば》・節《ふし》（＝趣向）・心」の欠けたケースをそれぞれ検討し、結局、「詞・節・心」のすべてがそろっていなくてはいけない、という冒頭の「意見」を補強していたんですね。

（例文図解）

ここが作者の意見

おほかた、歌の良しといふは、心を先として、めづらしき(注1)節を求め、詞《ことば》をかざり詠むべきなり。心あれど、詞かざらねば、歌(注2)おもてめでたしとも聞こえず。詞かざりたれど、させる節なければ、良しとも聞こえず。めでたき節あれども、優《いう》なる心ことばなければ、またわろし。

訳 だいたい、歌で良いと評価されるものは、まずは気持ちが第一にあって、（その上で）すばらしい趣向を求め、表現を飾って詠むべきである。気持ちはあるけれど、表現を飾らないと、歌全体の姿はすばらしいとも思われない。表現は飾っているけれど、たいした趣向がないと、（歌の出来が）良いとも思われない。すばらしい趣向はあっても、風流な気持ちや表現がないと、それもまた良くない。

テーマ4 主題発見法

長い本文を丁寧《ていねい》に訳し終えたのに、「何が言いたかったのかさっぱりわからない……」では、少々むなしいですよね。評論では、「この本文の主題は何か」「筆者が最も言いたいことは何か」などの、**本文全体の主題・主張をたずねる問題が、入試頻出**です。本文全体を訳した上で、自ら主題・主張を導き出せたら理想的ですが、やはりそれはなかなか難しい……。でも、みなさんに朗報です！　主題や主張は、何もみなさんが自力で考えてまとめなくても、普通、**本文中のどこかにかなりストレートに書いてあるんです！**　書いてあるところを発見さえできれば、後は訳せばいいだけ！

通常、配点が高いこのテの問題も、これで、確実に得点できそうですよ♪

ワザ61 主題発見のワザ①【パターン的中率85％】

最も言いたいことは、本文の最初か最後に書いてある！

現代であれば、強く言いたいところは、大きく書くとか色を変えるとか字体を変えるとか、いろいろと工夫ができますが、古文の世界ではそうもいきません。

そこで、**強く主張したい内容は、読者の印象に残りやすい場所に示す、**というワザを使うんです。そこがどこかというと、**本文の最初か最後！**

最初の一言は、やはり「何を話し出すんだろう？」と興味関心をひいているところですし、最後の一言は、読者が最後に聞く一言なだけに脳裏《のうり》に残りやすい。本文の最初と最後は、とてもインパクトのある特等席なのです。その特等席にこそ、**作者は自分の最も言いたいことを書き示すことが多い**ので、主題や主張をつかむときには、大注目してくださいね！

また、第二章で、説話の構成パターンを紹介しましたが、あのときにも、編者のコメント（感想や教訓など）は、**エピソードの前か後か＝本文の最初か最後にあること**をお話ししました。

説話の場合は、編者の主張が添えられていない場合もありますが、やはり**説話であれ評論であれ、主張したいことを書いてある場合は、まず、本文最初、なければ、本文最後に注目ですよ！**

また、ワザ61には次のようなバリエーションもあります。

ワザ62 主題発見のワザ② 【パターン的中率60%】

最も言いたいことは、段落の最初か最後に書いてあるときもある！

いくつかのエピソードが本文中にある場合など、その**エピソードの前後にまとめの一言を添えている形**もありますよ。

ところで、入試となると、なかなかイジワルですから、その**大事な主張部分をわざとカットした上で、「一番言いたいことは何か？」と問う**ことがあります。それにも備えておきましょう。

ワザ63

主題発見のワザ③【パターン的中率70%】

最も言いたいことは、本文中何度もくりかえし書いてある部分！

その話題について、作者がどう考えているのかを中心に本文読解をしていけばいいということになります。

たとえば、授業中に、先生が、「これ、大事だよ！」なんて言いながら何度も何度もくりかえして言ってないかな？　私も「くどかったらゴメンネ！」なんて言いながらも、マイクがあるのに大声出して、何度も何度もくりかえし言います。どうしても分かるようになってほしいからです。そう、**どうしても主張したいことは、何度も何度もくりかえされる**ことが多いのです！　表現の違いにはこだわらずに、同内容のくりかえしがあったら注目しましょう。

＋プラスアルファα

「次の本文は、○○について書かれたものです」と前書きで本文の話題（テーマ）を教えてくれている場合もあります。その場合は、その情報をありがたく頂戴し、では最後に、入試問題に挑戦です。

入試問題に挑戦！

次の文章を読んで、後の問いに答えなさい。

この世にいかでかかることありけむと、めでたくおぼゆることは、文《ふみ》にこそ侍るなれ。『枕草子』に返す返す申して侍るめれば、事新しく申すに及ばねど、なほいとめでたきものなり。はるかなる世界にかき離れて、幾年逢ひ見ぬ人なれど、文といふものだに見つれば、只今さし向ひたる心地して。なかなか、うち向ひては思ふほども続けやらぬ心の色も現はし、言はまほしきことをもこまごまと書きつくしたるを見る心は、めづらしくうれしく、あひ向ひたるに劣りてやはある。……（後略）

（無名草子）

問　本文中で、筆者は「文」をどのようなものと見ているのか、簡潔に述べなさい。

〈大分大〔改〕〉

〈解答欄〉

問題文図解

この世にいかでかかることありけむと、**めでたくおぼゆることは**、**文**《ふみ》にこそ侍るなれ。『枕草子』に返す返す申して侍るめれば、事新しく申すに及ばねど、**なほいとめでたきもの**なり。はるかなる世界にかき離れて、幾年逢ひ見ぬ人なれど、文といふものだに見つれば、只今さし向ひたる心地して。なかなか、うち向ひては思ふほども続けやらぬ心の色も現はし、言はまほしきことをもこまごまと書きつくしたるを見る心は、めづらしくうれしく、あひ向ひたるに**劣りてやはある**。……（後略）

本文の最初か最後の一文＝作者が最も言いたいこと！

いかで：どうして
が
めでたくおぼゆる：すばらしく思われる
めれば：ので
ねど：ないけれど
「文」は
くりかえし＝作者の主張！
も
逢ひ見ぬ人なれど：会っていない人であっても
見つれば：と
が
すばらしい
うち向ひて：面と向かって
言葉を
続けやらぬ：続けられない
「文」
こと
「文」は
反語表現＝強調表現！
劣りてやはある：いるか、いやいない

設問の解き方

問　ワザ61を使用！

注目は、最初の一文です。「この世で『どうしてこんなステキなことがあったのかしら⁉』と感激するぐらいすばらしく思われるのが手紙だ」、要するに、**「手紙はすばらしい」というのがこの本文の一番言いたいこと**です。

続く本文は、すでに『枕草子』にも書いてあるとか、時空を越えて、いま目の前にいる気分になるとか、内面があらわれるから直接会うことにも手紙は劣《おと》っていないなどと、手紙をすばらしいと思う理由などを述べて主張内容を補強しています。

問に対する解答としては、超シンプルに答えれば、「すばらしいもの」と見ている、ということになりますが、解答欄の大きさも考慮して、どうすばらしいのかもつけ足して解答を作りましょう。

設問解答

問　**時間や空間に隔たりがあっても、目の前にいる気分にさせたり、直接会う以上に書いた人の内面があらわれるすばらしいもの。**

現代語訳

この世で「どうしてこのようなことがあったのだろう」とすばらしく思われることは、手紙であるようです。『枕草子』に繰り返し申してあるようですから、今更改めて申しあげるまでもないけれど、やはりたいそうすばらしいものである。遠い場所に隔たっていて、何年も会っていない人であっても、手紙というものさえ見てしまうと、たった今向かい合っている気持ちがして（すばらしい）。かえって、面と向かっては思うほども（言葉を）続けられない気持ちも（手紙でははっきり）書き表し、言いたいこともこまごまと書き尽くしてある手紙を見る気持ちは、すばらしくうれしく、直接顔を合わせたことに（くらべて、手紙は）劣っているだろうか、いや劣らない。

第六章 和歌読解法

手順をふまえれば大丈夫！

和歌を制して高得点をねらおう！

古文がかなり読める人でも、**和歌は苦手と言う人は多い**ですよね。でも、和歌はセンター試験で毎年のように出題されているのをはじめ、私大や国公立大でもよく出題されるのでぜひ攻略しておきたいところ！　**解釈・和歌修辞・心情説明**など、さまざまな角度から問われる和歌は、たいていどの入試でも配点が高い傾向にあります。最初から「無理！」だなんて決めてかからずに、攻略の手順をしっかりふまえれば、みんなが思っているほど、**難解なものではありません**よ。ここで、攻略の糸口をつかみましょう！

テーマ1　5／7／5／7／7で区切って直訳！

「歌」は、最も古くからある日本文学の形だと言われています。いうなれば、和歌こそが古典の本流！だからでしょうか、和歌以外の箇所には現代人が読みやすいように句読点などをつけ加えても、和歌にだけは通常、つけません。句読点などがついてないということは、5＋7＋5＋7＋7＝31文字がひとかたまりで現れるということですから、まあ、確かにわかりやすそうには見えませんね……。

そこで、まずはその31文字のかたまりを**区切って小さいまとまりにする**ところから始めましょう！

和歌は、**5／7／5／7／7のリズムが句読点代わり**なので、まずはとにかく**このリズムにあわせて和歌を区切ります**。5文字とか7文字の古文ならなんだか意味がとれそうじゃありません？　これが和歌攻略の最初の一歩です！

ワザ64 和歌攻略のワザ① 【パターン的中率95%】

5／7／5／7／7のリズムは句読点代わり！
句末に文末表現があれば、「句切れ」！

（例）

春風は花のあたりを避《よ》きて吹け心づからや移ろふと見む
（古今和歌集）

ステップ1　5／7／5／7／7に分ける

春風は
花のあたりを
避きて吹け
心づからや
移ろふと見む

簡単ですね♪　では、次！

ステップ2　5／7／5／7／7で分けたところに、句点（。）をつける

和歌は、5／7／5／7／7のリズムが句読点代わりと言いましたよね？　その**リズムの切れ目の箇所**

に、**文末表現**があれば、そこに**句点**をつけます。この句点をつける箇所のことを**「句切れ」**と言います。

文末表現というのは、次のような形です。

〈文末表現〉

- **終止形**
- **命令形**
- **係り結び**
- **終助詞**

句切れは、通常、5／7／5／7／7のリズムの切れ目にあらわれますので、**各句末に文末表現がないか、探します**。先ほどの歌で探してみましょう。

春風**は**　↑係助詞「は」は文の途中に用いられる……×

花のあたり**を**　↑格助詞「を」は文の途中に用いられる……×

避きて**吹け**　↑「吹け」は動詞「吹く」の命令形……○

心づから**や**　↑係助詞「や」は普通、文の途中で用いられ、文末の語と係り結びになる……×

移ろふと見**む**　↑四句目の「や」と動詞「移ろふ」で係り結び。句末の助動詞「む」は終止形。つまり、文末……でもこれは×。句切れではありません。

句切れは、どの句で切れるかによって「初句切れ」「二句切れ」「三句切れ」「四句切れ」と言いますが、**「五句切れ」は存在しません**。文の最後で切れるのは当たり前ですから、いちいち「五句切れ」とは言わないんですね。だから、**五句めの最後が文末表現であっても、句切れとしてはノーカウント**です！

ということで、先ほどの歌は**「三句切れ」**の和歌です。「。」をつけた句切れの箇所で、訳にも「。」をつけます。

＋プラスアルファα

句切れは、すべての和歌に必ずあるわけではありません。一つも句切れのない和歌もありますし、句切れが複数ある和歌もあります。

ステップ3 直訳！

和歌といえども、古文は古文。古語と古典文法にのっとって記されているのですから、**次は直訳しましょう**。これまでに学習したワザも使ってくださいね。

春風は ……春風は

花のあたりを ……桜の花の付近を

避きて吹け（命令形）（。） ……避けて吹け。

（「）心づからや（疑問の係助詞） ……「自分の心から（～か）

移ろふ（四句目の係助詞「や」の結び）（」）と見む（終止形）（。） ……散るのか」と見よう。

もちろん風に命じても通じないのですが、桜の花を愛する心があふれていますね。

直訳をして、意味が通じないところなど特におかしなところがなければ、和歌の解釈はこれで完成です。意外に、和歌修辞もなくサラッと詠んでいる歌も多いんですよ。

！ちょっと注意

「係り結びの法則」は頭に入っているかな？　文末は通常終止形（時々命令形）ですが、文中に係助詞「ぞ・なむ・や・か・こそ」があると、それに応じて連体形や已然形になる、これが係り結びの法則です。

「ぞ・なむ・こそ」は「強意」のはたらきをするだけですから、特別な訳は不要（文末もふつうの終止形と同様に訳せばＯＫ！）ですが、**「や・か」**は**「疑問」**で**「〜か」**と訳すか、**「反語」**で**「〜か、いやない」**と訳す必要があります。

文中		文末
ぞ **なむ**	強意	……**連体形。**
や **か**	疑問・反語	……**連体形。**
こそ	強意	……**已然形。**

テーマ2 和歌修辞

和歌修辞とは、枕詞《まくらことば》や掛詞《かけことば》などの和歌独特のワザの総称です。なにしろ和歌は、原則31文字で一つのまとまりにしなくてはいけませんから、さまざまなワザを駆使して、制限字数を超えないようにしつつ、多くの情報を入れたり、広がりや深みをもたせようとしたりします。これこそが和歌の特徴！というワザですから、当然、入試でもよく問われますよ。

では、まず、入試頻出の和歌修辞の基本をおさえるところから始めましょう。

枕詞

ワザ65 和歌攻略のワザ② 【パターン的中率98%】

枕詞は暗記で攻略！
発見したら、無視をせよ！

「枕詞」は、固定的に用いられる飾り言葉のことです。たとえば現代でも、「キングオブポップス」といえば「マイケルジャクソン！」のような、ほぼ固定的に用いられる修飾表現がありますよね。「キングオブポップス」といい始めて「マイケル」以外の人が続くと、「なんか違う！やっぱりマイケルでしょ」と、世界中の大半がたぶん思ってしまう。（現代はさまざまな価値観がありますから、固定的にはなかなか言いにくいですけど……。）枕詞もこれと同じ、と言うと、ちょっとお叱《しか》りを受けそうな気もしますが、でも修飾する語と修飾される語の関係が固定されている、という点は同じです。

枕詞は、**通常5音で、第一句めか第三句めに登場します**。ただ、大半の**意味は不明**なんです。枕詞は歴史が古すぎて、私たちが普通「古文」として目にするものが書かれた頃には、すでに、もう意味がわからなくなってしまっていたようなんです。「意味はよくわからないけど、昔からよくつけて使うし、つけるとなんかかっこいい！」という感じだったのか、あるいはリアルタイムのその頃までは、何とか一部は意味が残っていたのか、とにかくたくさん使われています。

攻略法は、ただ一つ。**暗記**です。何しろ、枕詞（＝飾り言葉）とそれによって導かれる言葉（＝飾られる言葉）は、古くから伝わる固定されたものだけで、〝新作〟はないのですから。その枕詞はどういう言葉を導くのか、次の表で固定のペアを覚えましょう。

そして、あとは、実際に枕詞が出てきたら、**枕詞を無視して訳します**。これで枕詞は攻略完了です！

〔主な枕詞〕

枕詞（＝修飾する語）	導かれる語（＝修飾される語）
あかねさす	日
あしひきの	山
あづさゆみ	はる・ひく・いる
あらたまの	年

枕詞（＝修飾する語）	導かれる語（＝修飾される語）
しきしまの	大和
しきたへの	枕・衣
しろたへの	衣・袖
たまきはる	命

あをによし	奈良
いそのかみ	ふる
いはばしる	垂水《たるみ》・滝
うつせみの	世・命
からころも	きる・たつ
くさまくら	旅・結ぶ
くれたけの	よ・ふし
たまぼこの	道
たらちねの	母
ちはやぶる	神
ぬばたまの	黒・髪・夜・闇
ひさかたの	天・日・光
ももしきの	大宮

例

ひさかたの光のどけき春の日にしづ心なく花の散るらむ

（古今和歌集）

枕詞 → 訳さない

ここから訳を開始

訳 日光もおだやかな春の日に、どうして落ち着いた気持ちもなく桜の花が散っているのだろう。

続いては「序詞《じょことば》」です。

ワザ66 和歌攻略のワザ③【パターン的中率80%】

和歌の最初から第二句めまたは第三句めまでが、本筋に無関係な自然描写なら、序詞！

「序詞」は、枕詞の巨大版です。**飾り言葉である点は枕詞と同じ**ですが、序詞は通常、**和歌の最初から始まり、6音以上**（普通は、キリのいいところまでいきますから、**12音**［**＝第二句め**まで］か**17音**［**＝第三句めまで**］）です。全31文字中、12音か17音も占めるのですから、これは、固定された決まり言葉ではなく、それぞれの和歌ごとにオリジナルの序詞が作られます。（そうでなければ、似たような和歌ばかりが大量発生してしまいます……。）和歌ごとに違う序詞が用いられるということは、暗記のしようがありませんよね。**序詞の発見法**をおさえて対処していきましょう。

なお、序詞は、原則、訳します。が、序詞はあくまでも飾りの表現。**和歌で一番いいたい内容は、序詞ではない部分です**ので、和歌の大意をつかむときにまどわされないようにしてくださいね。

〔序詞がある場所〕

和歌
序詞ケース1
序詞ケース2

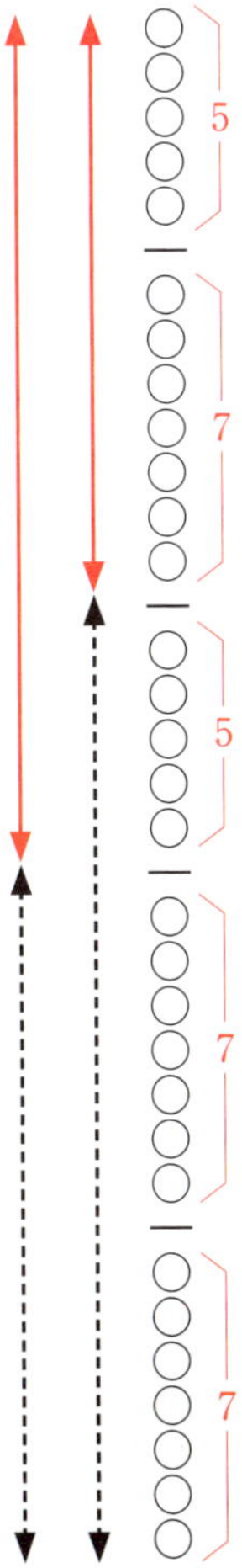

※赤矢印部分が序詞が置かれる場所。点線矢印部分が和歌のメインの内容がある場所。

〔内容〕

- 序詞の部分は自然描写、それ以降は心情、が多い。
- 歌の本筋（＝メインの内容）に関係のない自然描写が出てきたら、「序詞」と判断！

〔よくあるパターン〕

- 序詞の末尾が「の」
- 同じ音や似たような音のくりかえしで、ある言葉を導く
- 序詞直後が、掛詞

〈例〉

（1） 風ふけば沖つ白波たつた山夜半にや君がひとり越ゆらむ　（古今和歌集）

序詞「風が吹けば、当然、沖の方に白波が立つよね」といった、当たり前の自然現象から「たつ」を導き出す

「（白波が）立つ」と「竜田山」の「たつ」の掛詞

訳 風が吹くと沖の白波が立つ、その「立つ」の同じ音を持つ竜田山を、この夜中にあなたが一人で越えているのだろうか。

（2） みかの原わきて流るるいづみ川いつ見きとてか恋しかるらむ　（新古今和歌集）

序詞「いづみ（川）」と「いつ見」が、清音か濁音かの違いだけの似たような音。似た音のくりかえしから「いつ見」を導き出す

訳 みかの原からわき出して分けて流れる泉川、その「いづみ」のようにいつ見た（＝逢った）からということでこんなに恋しいのだろうか。

序詞から序詞ではない部分への「つなぎ」は、普通**「～のように」**か**「～ではないが」**でつなぐと、たいていうまくいきますよ。

掛詞

「**掛詞《かけことば》**」こそが**入試最頻出の和歌修辞**です！「入試で和歌が出題されたら、掛詞を疑《うたが》え！」と肝《きも》に銘《めい》じておきましょう。

「掛詞」は、同音異義語を利用して、**音は共通の一つですが、意味を二重に設定して用いるワザ**です。「趣《おもむ》き」に大きな差はありますが、ダジャレでよく使われる手法と同じようなものです。二重に設定した意味は通常、2つとも訳します。ということは、一つの和歌は全部で31文字しかありませんが、掛詞を用いれば、その部分は意味が倍増するわけですから、35文字分にも40文字分にも、和歌の内容量を増やすことができる便利なワザなのです。

ただ、受験生のみなさんは要注意ですよ。掛詞は設定した2つの意味とも訳す、といいましたが、うっかり掛詞に気づかずに和歌を訳そうとすると、当然一つの意味しか訳しませんから訳がうまくつながりません。掛詞の発見は、正しく訳せるかどうかにも大きくかかわってくるのです。

ステップ1　メジャーな掛詞は覚えておく

同音異義語でさえあれば、どんな単語同士でも「掛詞」になりえます。（その歌で本当に掛詞になっているかどうかは、別問題ですよ。）ただ、当然、古語同士で掛詞になるのですから、中には単語力がなければ気づきにくいものもあります。単語力は単語力で重要単語帳などを用いながら地道につけていくにしても、ここでやはりメジャーな掛詞は覚えてしまいましょう。

掛詞は、枕詞のように固定されたものでも、序詞のように毎回オリジナルで作られるわけでもありません。同音異義語でさえあれば、よくある掛詞を使用しても、オリジナルで作ってもいいのですが、古代人みんなの〝お気に入りの掛詞〟があるので、それを知っておくと、メジャーな掛詞は手早く見つけることができます。

〔頻出掛詞〕

掛詞	二重に設定される意味
あかし	明かし・明石
あき	秋・飽き
あふ	逢ふ・逢坂（あふさか）・葵（あふひ）
あらし	嵐・あらじ
いる	入る・射る
う	憂し・浮く・宇佐・宇治
うら	浦・裏・心《うら》
おく	置く・起く
かた	潟《かた》・形・難し（かたし）
かり	狩・仮・刈り
かる	枯る・離《か》る
きく	菊・聞く

掛詞	二重に設定される意味
しか	鹿・然《し》か
すみ	澄み・住み・住の江
ながめ	長雨・眺め
なみ	波・無み
はる	春・張る
ひ	日・火・思ひ・恋ひ
ふみ	文・踏み
ふる	降る・経る・古《ふ》る・振る・ふるさと
まつ	松・待つ
もる	漏る・守《も》る
ゆふ	夕・言ふ・結《ゆ》ふ
よ	節《よ》・夜・世

掛詞は、普通「二重」に意味を設定するものですから、同音異義語が３つ以上ある場合も、その中の**２つの語で作られています**。

ところで、掛詞には、主に、

①単語をフルに使って二重の意味を設定する
└→これが基本！
(例)「あき」という2音をフルに使って
→**「秋」**と**「飽き」**の掛詞

②単語の一部だけが二重の意味になる
(例)「思ひ」の一部のみを使って
→**「思ひ」**の**「ひ」**と**「火」**の掛詞

③清音《せいおん》と濁音《だくおん》の違いを無視して、掛詞になる
(例)「し」と「じ」の清濁を無視して
→**「嵐《あらし》」**と**「あらじ**（＝ないだろう）**」**の掛詞

の3パターンがあります。特に、②③は発見しにくいようですから、少しずつ慣れていきましょう。

＋プラスアルファ α

リアルタイムの古文の時代には、まだ清音（「か」「さ」など）と濁音（「が」「ざ」など）を区別して書くことをしていませんでした。**全部清音で書きます**。「清音と濁音を無視して掛詞」といっても、書いたものを見る分には、現代語のように違いはあらわれず、違和感も少なかったのかもしれませんね。

掛詞を説明する際には、それぞれを**漢字にして答えればオッケー**です。（漢字化できないものは、意味で説明します。）

ステップ2 マイナーな掛詞を発見する

掛詞は、メジャーなものだけではありません。入試でも、215ページの〔頻出掛詞〕の表にないようなマイナーなものも問われます。マイナーな掛詞は、いろいろありすぎて、暗記では対応できません。

そこで、ワザ67で発見法をマスターして、その都度、発見できるように備えておきましょう。

入試で出題される和歌は、本文中に和歌しかないなんてことはまずありません。前後に普通の古文があるので、その部分からもヒントをもらった上で、掛詞を発見しましょう。

ワザ67 和歌攻略のワザ④【パターン的中率85%】

・和歌中の
不自然なひらがな
固有名詞
和歌直前に登場していたキーワード

↓ 掛詞を疑え！

漢字・ひらがななどの表記は、現代人の誰かが現代人が読みやすいように、適宜オリジナルから変えているものです。**「和歌中の不自然なひらがな」**もそう。

「和歌中の不自然なひらがな」というのは、それまでは漢字だったのに、**和歌になった途端にひらがなになっているような所のこと**です。

二重の意味が設定されている掛詞の箇所は、どちらかの漢字をあててしまうと、漢字になっている方の意味が目立って、他にもう一つ意味があるようには見えなくなりますよね。それじゃあ受験生はかわいそう。かといって、両方の漢字をあてることなんかはできない。それでは……ということで、「ひらがな」というニュートラルな書き方をしてあることが多いのです。つまりこのワザは、入試出題者の「親心」を〝利用〟させてもらう発見法です。

「さっきまで漢字だったのにな」という不自然なひらがな表記があらわれたら、掛詞を疑っていきましょう。

ちょっと注意

和歌まるごと全部がひらがなという、イジワルがなされているときは、あきらめて、別の発見法で攻めましょう……。

「和歌中の固有名詞」、つまり**地名・人名**も掛詞になっている率の高い箇所です。地名・人名が和歌中にあるときは、その名前としての意味以外にもう一つ意味が設定されていないかチェックです。

さらに、和歌の**直前（場合によっては直後）**にあら**われていた単語が、和歌の中にも登場している場合も、その言葉が掛詞になっている可能性は高いですよ。**助詞や助動詞はあまり掛詞になりませんから、それ以外の、たとえば名詞や動詞で、それが直前の普通の古文の中にも和歌の中にもあったら、直前で出てきた意味の他にもう一つ意味が設定されていないか、検討してみましょう。

以上、ワザ67にあげた三箇所の掛詞発見ポイントは、今すぐにでも使えますから、さっそく使ってみてくださいね。

さて、「掛詞の場所は発見できそうだけど、何と何の意味が掛けられているのかがわからない！」……確かに、次に問題になるのはこの点ですよね。うまくひらめけばいいのですが、考えてひねり出そうと思っても、あまりにも捜索範囲《そうさくはんい》が広すぎて大変そうです。

そこで、次のワザです！

ワザ68 和歌攻略のワザ⑤【パターン的中率85%】

掛詞の二重の意味は、
自然界の事柄
人間界の事柄
この2つのペア！

215ページの〔頻出掛詞〕の表をもう一度見てください。

●「あき」
- 秋 ←**自然世界**の季節
- 飽き ←**人間**の気持ち

●「きく」
- 菊 ←**自然**の植物
- 聞く ←**人間**の動作

このように、掛詞のペアは、たいてい**「自然界の事柄」**と**「人間界の事柄」**なんです。これは、メジャーな掛詞でもマイナーな掛詞でも、同じです。

たいてい、和歌は、パッと見た感じには、自然界の内容が目につくような書き方をしています。だから、掛詞としてアヤシイ箇所を発見できたら、パッと見でわかる「自然界の内容」以外に、**何か「人間界に関する事柄」で解釈できないかな**、と考えてみてください。その際には、**和歌の直前直後の内容が大きなヒント**になっているはずですよ☆

練習問題

次の和歌中にある掛詞を抜き出し、説明しなさい。

山里は冬ぞさびしさまさりける人目も草もかれぬと思へば

（古今和歌集）

〈解答欄〉

まずは、メジャーな掛詞で練習してみましょう。**「かれ」**の部分ですね。ただ、メジャーな掛詞でも、やみくもに掛詞と決めつけてはダメですよ！　その2つの意味が、この和歌の文脈の中で成り立つかどうか、必ずチェックすること。そんな話題がまったくないなど、文脈から浮くようなら、その和歌では掛詞として使用されていない＝一つの意味でしか使用していないということです。

さて、「かれ」は**「枯れ」と「離《か》れ」の意味を持つメジャーな掛詞**です。この和歌の文脈に合うかどうかをチェックしてみましょう。

まず「枯れ」は、真上の表現からの続きで**「草も枯れ」**とつながりますね。

「離れ」の方も、さらにその直前に「人目も」とあるので、**「人目も離れ」**でつながります。つまり、「かれ」の部分は、「枯れ」「離れ」の掛詞として成立です！

図解

答 「かれ」が「枯れ」と「離れ」の掛詞

訳 山里は、とりわけ冬は寂しさが増すことだ。人の来訪も**途絶え**、草も**枯れ**てしまったと思うと。

もう一題いきましょう。

練習問題

次の和歌中にある掛詞を2つそれぞれ抜き出し、説明しなさい。

木幡《こはた》にて四月《うづき》の頃、盗人をとらへて問ひいましめて置きたりけるに、その盗人の詠み侍りける、

はさまれて足はうづきの郭公《ほととぎす》なきはをれどもとふ人もなし

（古今著聞集）

〈解答欄〉

この和歌には、215ページの〈頻出掛詞〉の表にある掛詞は含まれていません。今度はマイナーな掛詞の練習です。では、記憶力にたよらないやり方で、一から掛詞を探すことにしましょう。ワザ67を使いますよ。

●**和歌中の不自然なひらがな**

↓「はさまれて」「うづきの」「なきはをれども」「とふ」「なし」あたりがアヤシイ

●**和歌中の固有名詞**

↓「郭公」（鳥の名前）

●**和歌中の和歌直前に登場していたキーワード**

↓直前に「四月《うづき》」、和歌中に「うづき」

まず狙うのは、「不自然なひらがな」「和歌直前のキーワード」の2項目にエントリーしている**「うづき」**でしょう！　では、2つの意味にとれないか、検討です。ワザ68を使います。

●**人間界の事柄**……「?」

●**自然界の事柄**……「四月」

二重の意味は「**人間界の事柄**」と「**自然界の事柄**」でしたね。「**四月**」は人間界の暦《こよみ》ですが、自然界の季節に即《そく》してのものですから、ここは「自然界」の方でとらえておきます。次に、人間界の事柄でもう一つの意味がとれないか考えてみましょう。

そこで、和歌に戻ります。泥棒《どろぼう》が捕まって「はさまれて足はうづき……」と和歌を詠んだ、という話です。泥棒が捕まったんですから、逃げないように何かで拘《こう》束《そく》されている可能性があります。となると、「はさまれて足はうづき」は、足が拘束されてジンジン痛む、という内容で取れそうですね。「うづく」は、現代語では「**疼《うず》く**」と書き、「ジンジン痛む、ズキズキ痛む」意です。

●**人間界の事柄**……「疼き」

●**自然界の事柄**……「四月」

これで掛詞が一つ発見できましたね。もう一つの掛詞はこの一つ目の掛詞がヒントになります。つまり、一つ目の掛詞と連動して**「なき」**の部分も、

●人間界の事柄……「（足が痛くて泥棒が）泣き」
●自然界の事柄……「（郭公が）鳴き」

の2つの意味が見えてきましたね。

ちなみに「なき」は、〈頻出掛詞〉の表にこそありませんでしたが、「泣き・鳴き・無き」などと、結構掛詞になりやすいんですよ。

図解

木幡《こはた》にて四月《うづき》の頃、（役人が）盗人をとらへて（役人が盗人を）問ひいましめて置きたりけるに（ところ）、その盗人の（が）詠み侍りける、（歌は）

はさまれて足は**うづき**（掛詞：疼き／四月）の郭公《ほととぎす》**なき**（掛詞：泣き／鳴き）はをれどもとふ人もなし

答 「うづき」が「四月」と「疼き」の掛詞・「なき」が「鳴き」と「泣き」の掛詞

訳 木幡で四月頃、（役人が）泥棒を捕まえて尋問して置いていたところ、その泥棒が詠みました（歌）は、

（足かせに）挟《はさ》まれて足が**ずきずき痛み**、**四月**の郭公が**鳴く**ように（私は）**泣い**ているが、

（「大丈夫?」と）聞いてくれる人もいない。

「うづき」の箇所のように、掛詞は上からのつながりと、下へのつながりの〝交差点〟でおこりやすい、という傾向もあります。

縁語

「縁語《えんご》」は、関連性の強い語（＝縁のある語）を意識してチョイスし、和歌の中に用いる、〝言葉選び〟のワザです。

日本語は語彙《ごい》が豊富ですから、同じ内容でもいろんな言葉で表現することができます。だからこそ、「『海』関連で言葉を揃《そろ》えて、恋心を歌にしよう」とか、「『雨』関連で言葉を揃えつつ、悲しい気持ちを詠もう」とか、しようと思えばできますよね。この、あえて用いた関連のある語が縁語です。

次の例を見てください。

（例）

燃え／萌え の掛詞

縁語

春はもえ秋は**こがるるかまど**山霞も霧も**煙**とぞ見る

（拾遺和歌集）

訳 春は芽吹き、秋は紅葉が（燃えるように色づき）焦がれるかまど山は、その山霞も霧もまるでかまどからの煙のように見える。

同じ内容なら、別に「春芽吹き秋は紅葉のかまど山……」とかでも歌になるのですが、ここは、山の名前が「かまど」なだけに、**「燃《も》え」「焦《こ》がるる」「煙」**と、**「かまど**（＝昔のご飯などを炊《た》く所のこと）**」関連の言葉がチョイスされている**のです。

縁語は、訳に反映させることは困難を極《きわ》めるので、できる範囲で反映させればそれで十分、普通は無視して意味だけとっていってかまいません。

さて、以上、主な和歌修辞を4つ見てきましたがいかがでしたか？　どういうものかがわかれば、意外とおもしろそうなワザだと思いませんか？　特に掛詞の発見は、まるで〝謎とき〟のようです！

和歌がでてきたらまずは直訳！　でもなんかヘンになったら、和歌修辞が用いられていないか、チェックしてみてくださいね。特に、掛詞があるのに気づかないと、2つの意味を訳すべきところを一つしか訳していないので、当然、ヘンな訳になりますし、訳さないでよい枕詞なのに、無理して訳せば、これもヘンな訳になってしまいます。

実際にはサラッと詠んだ和歌も数多くあるのですが、入試で問われがちなのは、やはり和歌修辞が用いられている和歌ですので、少しずつ慣れていきましょう。

テーマ3　和歌の構造

ワザ69　和歌攻略のワザ⑥【パターン的中率85%】

和歌の基本構造は、
パッと見、自然界の事柄
その裏に、人間界の事柄←メインはこちら！

どこかの国なら、「愛しているんだ！」「私も！」などと、ものすごくストレートに愛の言葉を口にすることが普通かもしれませんが、古文では、まずありません。古代人は、とても照れ屋さんですので、そんなストレートな言い方はしないんですね。

古文の時代は、愛の告白は和歌でします。恋愛に和歌は欠かせないものでした。また、恋愛に限らず、心の中だけでおさまりきれないような思いがあれば、歌にしました。現代でも駅前あたりで、「ボクのこのあふれる思いを歌にしました！　聴いてください♪」なんていいながら、自作の「歌」を歌うのと、要《よう》は同じかもしれません。

ただ、照れ屋さんの古代人は、思いを和歌にする際、あまりストレートにはせず、基本的に**二重構造にして隠《かく》す**んです。それは、パッと見た感じでは、自然界の事柄をサラッと詠んだ歌のように見せかけて、でも、よくよくよんでみたら、その裏に人間の心情がこめられている、というような構造です。そのようにして、思いをちょっと隠した形で表現するのです。

ちなみに、この「自然界」と「人間界」のペアは、掛詞の話の中でも出てきましたが、実は、掛詞に限らないいんです。比喩《ひゆ》表現を駆使《くし》するなどしつつ、さかんにこのペアで二重構造を作り出しています。**和歌といえば基本的に二重構造だ**、といえるんですね。

さて、二重構造がわかったら、和歌を解釈するときにも、それを生かしましょう。**作った訳を「自然界の事柄」と「人間界の事柄」とに分けてみるんです。**自然界のことを言っていたのか、人間界のことを言っていたのかグチャグチャだった和歌が、これで整理されます。

たとえば、「掛詞」の練習問題の中にあった泥棒の和歌（→221ページ）でやってみると、次のようになります。

（例）

【人間界】 挟まれて足が痛くて疼いて泣いているけれども（大丈夫?と）聞いてくれる人もいない ← 歌のメイン内容はこちら

疼き　**泣き**

はさまれて足はうづきの郭公《ほととぎす》なきはをれどもとふ人もなし

四月　**鳴き**

【自然界】 四月の郭公が鳴いている

こうした二重構造の和歌を訳す際には、慣れないうちは、無理して一文にまとめようとせず、**「自然界の事柄」と「人間界の事柄」を分けて、それぞれで意味をまとめましょう。**センター試験であれば、記述問題とは違って一から訳を作る必要はなく、正解を見抜ければいいのですから、これでオッケーです。

二重構造を見抜いて、「人間界の事柄」と「自然界の事柄」とに分けたら、最後に一つ、大事なこと！ **中心はどちらの内容か、をしっかり意識しましょう。**

古文の世界では、花がどうとか月がどうとか、たしかに現代人よりも風流に重きを置いているように見えますよね。でも、だからといって、自分のことより風流の方が重要、なんて人はめったにいません。

つまり、和歌の二重構造でも、メインは「人間界の事柄」の方です。「自然界の事柄」は、照れ屋の古代人が「人間界の事柄（＝自分の心情）」を隠すためのいわばカモフラージュ。その和歌で何を言おうとしているのかをつかむときは、**人間界の内容の方に注目**してくださいね！

テーマ4 和歌に情報をつけ足す

ワザ70 和歌攻略のワザ⑦

和歌の直前直後から、情報を入手して、和歌につけ足す！

くどいようですが、和歌は、原則31文字でまとめなくてはなりません。このキビシイ制限字数をクリアするためには、本当に言いたいことだけを厳選し、さまざまなことを省略する必要も出てくるでしょう。

そんなふうに省略していても、当事者や、少なくとも同時代の人達同士なら、理解しあえるのでしょうが、現代人には、古代人感覚の「言わないでもわかるでしょ？」にはなかなかついていけない……。そこで、**和歌以外のところから、和歌に関する情報を集めて、和歌の読解に生かしましょう。**

入試古文は、**和歌の前後に普通の古文の文章がたいていついていますから、そこから情報を入手します。**足りない情報をつけ足したり、曖昧《あいまい》なところを具体化することができますよ♪

では、次の練習問題で確認してみます。

練習問題

次の文章は、ある姫君が女房らとくつろいだ時間を過ごしている場面である。これを読んで、後の問いに答えなさい。

さまざまの絵など書きすさみたる中に、(注1)籬《ませ》に菊など書き給うて、「これはいとわろしかし」とて、持たせ給へる筆にて墨をいと濃う塗らせ給へば、(注2)按察使《あぜち》の君、にほひやかにうち笑ひて、その傍《かたは》らに、

初霜も置きあへぬものを白菊の早くもうつる色を見すらん

と、いと小さく書き付け侍るを、姫君もほほ笑み給ひつつ御覧ず。

(兵部卿物語)

(注) 1 籬――垣根のこと。
2 按察使の君――姫君に使える女房。

問 和歌の説明として最も適当なものを、次の①～⑤のうちから一つ選びなさい。

① 夫に夢中になっている新婚の姫君に対して、「初霜もまだ降りないのに、どうして白菊は早くも別の色に染まっているのだろうか」と、冷やかして詠んだ。

② 宮仕えで気苦労が絶えないことを姫君に打ち明けたくて、「初霜もまだ降りないけれども、白菊は早くもよそに移りたがっているようだ」と、暗示するように詠んだ。

③ 書いた白菊を姫君がすぐに塗りつぶしてしまったことに対して、「初霜もまだ降りないのに、どうして

白菊は早くも色変わりしているのだろうか」と、当意即妙に詠んだ。

④ 白菊を黒い色に塗り替えた姫君の工夫を理解して、「初霜もまだ降りないけれども、庭の白菊は早くも枯れそうな色に染まってしまったようだ」と、臨機応変に詠んだ。

⑤ 色を塗り替えられた白菊から美貌の衰えはじめた女性の姿を連想して、「初霜もまだ降りないのに、どうして白菊は早くも色あせたのだろうか」と、冗談半分に詠んだ。

〈解答欄〉

これはセンター試験で出題された本文の一部で、選択肢に少し手を加えています。

では、これまでに説明した和歌読解の手順をふまえて、和歌を読解してみましょう。

ステップ1 5／7／5／7／7のリズムで区切って直訳

初霜も　…初霜も
置きあへぬものを　…完全に降りてはいないのに
白菊の　…白菊は
早くもうつる　…早くも移り変わる
色を見すらん　…色をどうして見せているのだろう。

＊「置きあへぬものを」の部分は、8文字で字余りですが、他の箇所のまとまりから逆算して、ここは8文字でひとまとまりと判断します。

「霜も置き」は「霜が降りる・発生する」意、「〜あへぬ」は「完全には〜しない・最後までは〜しきれない」意です。また「見す」は「見せる」意、「らん」は現在の原因推量の助動詞で「どうして〜しているのだろう」と訳します。句切れはない歌です。

ステップ2　和歌修辞をチェック

特に訳でおかしなところがなかったので、**主要4つの和歌修辞はナシ**と判断。

ステップ3　和歌の前後から情報を入手

今回の和歌で、大事なのはここです！

この和歌、パッと見たところでは、自然界の白菊を詠んだ歌、ということでまとまっていますよね。でも、前後の文脈をチェックしてみてください。ここは、室内で絵を描いている場面で、本物の霜とか白菊とかは出てきていません。つまり、この和歌を、実際の菊の歌と取ると、前後の文脈から浮いてしまうのです。

そこで、和歌の直前から情報を入手しましょう。「**絵など書きすさみたる中に、籬《ませ》に菊など書き……**」とあることに気づきますね。つまり、前後の文脈から浮かないように、和歌を理解すると、この**和歌中の「白菊」は、姫君が書いた絵の菊を言っているのだ**、となるわけです。

姫君が最初に描いた菊の絵が「白菊」、それを墨《すみ》で塗りつぶした行為を、和歌の中では「色」が「うつる（＝移り変わる）」と表現しているんですね。

要するに、この和歌は、パッと見は、生花の菊が変色した、という自然界のことを詠んでいるようでしたが、実は、**姫君が菊の絵を塗りつぶしちゃったという、人間界の出来事を詠んでいた**、ということです。

選択肢の中で、絵の菊の指摘があるのは、③～⑤、そのうち、④は塗りつぶしたことを「工夫」としているところがヘンです。ここは、描いた絵を「いとわろし（＝とても下手ね）」といって塗りつぶしているのですから。⑤は「美貌の衰えはじめた女性」という文脈にない内容を突然登場させているので、前後の内容から浮いてしまいません。**正解は③**です。

図解

さまざまの絵など書きすさみたる中に、籬《ませ》(注1)に菊など書き給うて、「これはいとわろしかし」とて、

を
姫君が
を
姫君が
菊の絵のこと

持たせ給へる筆にて墨をいと濃う塗らせ給へば、按察使《あぜち》(注2)の君、にほひやかにうち笑ひて、その傍《かたは》らに、

姫君が
ので
は

初霜も置きあへぬものを白菊の早くもうつる色を見すらん

は
白菊の絵
塗りつぶされた様

と、いと小さく書き付け侍るを、姫君もほほ笑み給ひつつ御覧ず。

按察使の君が
の

答　③

訳　さまざまな絵などを遊びで描いている中で、（姫君が）垣根に菊など（の絵）を描きなさって、「これ（＝自分で描いた菊の絵）はとても下手ね」と言って、（姫君が）お持ちになっていた筆で墨をとても濃く塗りなさるので、按察使《あぜち》の君は、はなやかに笑って、その（＝菊の絵の）横に、

　初霜もまだ完全には降りていないのに、白菊は早くも移り変わる色をどうして見せているのだろう。（描いてすぐにどうして白菊の絵を墨で黒く塗りつぶしてしまうのでしょう。）

と、とても小さく書き付けましたのを、姫君もほほ笑みなさりながらご覧になる。

基本的な和歌の読解手順は、以上ですが、いかがでしたか？流れをつかみやすいように、次にまとめておきますね。

① 5／7／5／7／7のリズムで、和歌を区切る
　文末表現があれば、そこに句点をつける（＝そこが句切れ）
② 直訳
③ 直訳でおかしなところがあったら、和歌修辞がないかチェック。特に掛詞に注意！
④ 和歌の直前直後から情報を入手して、和歌につけ足す

テーマ5 和歌の贈答

ワザ71 和歌攻略のワザ⑧【パターン的中率80%】

和歌の贈答場面では、それぞれをヒントとして利用せよ！

「和歌の贈答《ぞうとう》」とは、「和歌のやりとり」のことです。

古文の世界では、和歌を詠みかけられたら、返事の歌（＝返歌）をおくるのがマナーです。だからよく古文の本文にも、２つの和歌が、連続といっていいほど近いところにあらわれていますよね。

この２つの和歌は、それぞれの和歌を理解する上で、それぞれがヒントになります。**最初の歌を理解するには後の歌を、後の歌を理解するには最初の歌が、ヒントになる**んです。

どうしてか、というと、やっぱり当事者同士は、同じような経験をしてきて、同じような時間に、場合によっては同じ場所で同じものを見て、和歌のやりとりをしているので、省略が多くても、お互いに理解しあえるんですよね。

たとえば、同じクラスの仲良し同士だったら、「ねぇねぇ、昨日、あそこに行って、買ってきたよ！」ぐらい、省略の多いおおざっぱな言い方をしても、どこに行って何を買ったのか、たぶん通じますよね？　そんな感じです。

だから、最初の歌でぼかして言っていた内容が、後の歌には具体的に書いてあったなんてケースも出てきて、ヒントになるんです。

練習問題

次の文章は、その夜逢うことになっていた男の訪れを、女が待つ場面である。読んで後の問いに答えなさい。

時申す（注1）音のしければ、聞くに、「丑三つ（注2）」と申しけるを聞きて、男のもとに、ふといひやりける。

人心うしみつ今は頼まじよ
夢に見ゆやとねぞすぎにける

といひやりたりけるに、おどろきて、

とぞつけてやりける。「しばし」と思ひて、うちやすみけるほどに、寝過ぎにたるになむありける。

（大和物語）

（注）1　時申す――宮中で、係の役人が時刻を告げること。
2　丑三つ――午前二時から二時半頃。

問　「夢に見ゆやとねぞすぎにける」にある掛詞について説明しなさい。

〈解答欄〉

ここは、「5／7／5」に対して、「7／7」で返事をする、連歌形式のやりとりですが、和歌丸ごと一首の贈答と同様に、それぞれ深く関係しています。

「夢に見ゆやとねぞすぎにける」の中で、掛詞がありそうな箇所は、ワザ67をヒントにすれば、ひらがな続きの後半がアヤシイとわかりますね。さらに直後の文に、「ね（ぞ）すぎ」とほぼ同じ「寝過ぎ」という表現があります。これは、ますます掛詞としてアヤシくなってきましたね。

じゃあ、ここに狙いを定めて、もう一つの意味を考えてみましょう。**掛詞は同音異義語を利用して、同じ音の別の単語で、二重に意味を設定している**んでしたよね。「『ね』……『寝』以外には……根？　音？」どれも話題に合いません。

そこで、最初の「5／7／5」の方に注目してみましょう。「人心うしみつ今は頼まじよ」の**「うしみつ」が不自然なひらがな表記**です。しかも直前の文に**「丑三つ」**とあります。実はこの箇所は掛詞で、**「丑三つ」**と**「憂し見つ」**（＝つれなさを見た）**」の意が二重に設定されています。**

ここで注目は、**「丑三つ」という時刻の表現がある**こと。和歌のやりとりでは、2つの歌が内容的に同じようなものになるだけでなく、実は**和歌修辞も同じようなものになっていることが多い**んです。

そこまでつかめたら、「ね（ぞ）すぎ」の**「ね」**も、時刻をあらわす「子《ね》・丑《うし》・寅《とら》・卯《う》……」の**「子」**じゃないかなとひらめきますね！

十二支《じゅうにし》は、古文では時刻をあらわすときにも使用し、「子」は午前0時頃をあらわします。

図解

時（注1）申す音のしければ、聞くに、「丑三つ（注2）」と申しけるを聞きて、男のもとに、ふといひやりける。

（が）（係の役人が）（の）（女が）（女が）

人心うしみつ今は頼まじよ

（男の心）（が）（掛詞）
うしみつ ＝ 丑三つ（←「今」の時刻）
うしみつ ＝ 「憂し」（と）見つ（＝つれないものだとわかった）
（私はあなたを）

といひやりたりけるに、おどろきて、

（男は）

「夢に見ゆやと」ねぞすぎにける

（あなたが）（ボクは）（掛詞）
ねぞすぎ ＝ 子 過ぎ
ねぞすぎ ＝ 寝 過ぎ（＝寝過ぎてしまった）

とぞつけてやりける。「しばし」と思ひて、うちやすみけるほどに、寝過ぎにたるになむありける。

（男は）（女に）（男は）

答 「ね」が「子」と「寝」の掛詞

訳 係の役人の時刻を知らせる声がしたので、聞いていると、「丑三つ」と申しあげたのを（女が）聞いて、（女は）男のもとに、すぐに（歌の上の句を）詠んでおくった。

丑三つ時まで来ないことであなたの心がつれないものだとわかった。今はもう（私はあなたを）あてにしないよ。

と言っておくったところ、（男は）目が覚めて、

「（あなたが）夢にあらわれるか」と（思って）、（ボクは）子の時を過ぎるまで寝過ぎてしまった。

と（男は下の句を）つけて（女に）おくった。（男は）「しばらく（横になろう）」と思って、ちょっと休んでいたうちに、寝過ぎてしまったのであった。

テーマ6 引き歌の処理法

ワザ 和歌攻略のワザ⑨【パターン的中率95%】

和歌の一部の引用は、和歌一首丸ごとの引用と同じ！

和歌に関連して、つけ足しです。
古文の文章では、和歌の一部を引用することがよくあります。中でも**昔の有名な歌の一部を引用したものを「引き歌」といいます**。入試では、引き歌を用いているところを問うこともかなりありますので、処理方法をおさえておきましょう。

練習問題

次の文章中の傍線部の意味として、最も適切なものを次の①～④の中から選びなさい。

「すべてつれなき人にいかで心もかけ聞こえじ」と思し返せど、「思ふもものを」(注)なり。

（源氏物語）

（注）思ふもものを――「思はじと思ふもものを思ふなり言はじと言ふもこれも言ふなり」を踏まえた表現。

① あの人のことを思うまいと思っているのも、あの人のことを思っているからだ。

② 他人がどう思っているかと気に病むのは、自分に自信がないと思っているからだ。
③ 自分に猜疑心を持つのは、ものの道理を理解しようと思っていないからだ。
④ あの人が私のことを思っていてくれるかどうかを考えるのは、あの人を大切に思っているからだ。

〈解答欄〉

和歌の一部の引用は、和歌一首丸ごとの引用とイコールです。どのフレーズを引用したのかは問題ではありません。「あの歌を引用したのね！」とみんなに伝わりやすい、印象的なフレーズを抜き出しているだけです。

現代でも、「雨は夜更《ふ》け過ぎに雪へと変わるだろう……♪」と聞けば、歌を全部聞かなくても、「あ、クリスマスの定番のあの歌よね♪」とたいていみんなわかります。

でも、「ウォ～オォ～♪」みたいな、どこの歌にもありそうな部分を抜き取ってしまうと、「それ、どの歌のこと?」と歌を特定できないでしょ? だから、一部分だけでもどの歌かが伝わるように、その歌独自の、インパクトのある部分を抜き取るわけです。

さて、ここでは「思ふものを」の部分が、「思はじと**思ふものを**思ふなり言はじと言ふもこれも言ふなり」の**引用であることが、（注）によってわかります**ね。

では、（注）にある歌を丸ごと訳しましょう。

思はじと ……「思うまい」と
「 」
こと
思ふものを ……思うことも物を

思ふなり。……〝思う〟（ということ）である。

「言はじ」と言ふことも……「言うまい」と言うことも

これも言ふなり。……これも〝言う〟（ということ）である。

「もうあの人のことなんか考えないことにする！」と思っている時点で、その人のことを実は考えているということでしょ。「あの人のことを考えない」ということを考えているわけですからね。

同様に、「もうこれ以上口にすることはやめる！」と言うということは、「もう言わない」ということを口にしているわけでしょ。本当に「言わない」のは、話題にもしないことですよね。

つまり、「もう考えない！」「もう言わない！」と思ったり言ったりしているうちは、まだふんぎりをつけられないでいるということだよね、というのが歌の内容です。この歌の内容を正しくふまえているのは、**選択肢①**のみですね。

図解

「すべてつれなき人にいかで心もかけ聞こえじ」と思し返せど、「思ふもものを」(注)なり。

恋の相手の「あの人」

私は

＝（注）思はじと思ふもものを思ふなり言はじと言ふもこれも言ふなり

答 ①

訳 「もういっさい薄情なあの人に（私は）どうしても心もおかけするまい」と思い返しなさるけれど、（まさに）「思ふもものを（＝『（もう）思うまい』と心に思うことも（実は）物を（＝その人のことを）思っているということである。また、『（もう）言うまい』と口に出して言うことも、これも言っているということである」」（と同じ状態）である。

第七章　入試問題ヒント発見法

いただけるものはいただこう！

ヒントをのがさないこと！

古文単語や文法の知識、古文常識や文学史の知識も利用しつつ、どんな古文の文章でも隅《すみ》から隅まですべてノーヒントで読解できる……理想的ですね。でも、それは現実的にはたいへん困難なことですし、実際の入試でもそこまでは要求されていないようですよ。だって、古文といっても、子ども向けに書かれたものもあれば、専門の知識のある人に向けて書かれたものもあります。一話完結の短編も出題されれば、それまでの経緯《けいい》がわからないと、現状把握《はあく》もできない長編の一部からの出題もあります。つまりノーヒントで読めるものもあれば、読めないものもあって当然なんです。

入試の場合、ヒントが必要な箇所には、**きちんとヒントがあります**。ただ、それは「いかにもヒントです！」という感じで示されるだけでなく、さりげなく、気づいた人だけが得をするといった示され方もあります。

ヒントがあるのに使わないテはありませんよね。ヒントがあるのに気づかないのは、もったいないですよね。

ここでは、**ヒントのありかをしっかりとつかみ、要領よく解いていくワザ**を身につけましょう。

テーマ1 出題者が示すヒントのありか

入試の出題者は、ノーヒントでは本文読解が難しいだろうと判断したときに、さまざまな形でヒントを出してくれています。主なヒントのありかとしては、**前書き・注・設問文・選択肢**のあたりです。では、それぞれ具体的に見てみましょう。

前書き

ワザ73 本文周囲にあるヒント発見・活用のワザ①【パターン的中率90%】

「前書き」には、本文読解の大前提となる重要な情報がある！

本文の前に、「**次の文章は……である。これを読んで後の問いに答えよ**」などと書いてある部分が**「前書き」**です。前書きには、「これを知らないと、本文はまったく読めない」レベルの大事な情報が示されるのが普通で、**人物関係・人物設定・それまでの経緯・現状・本文の主題**など、**本文の前提となる情報が示されています**。しっかりと情報を頭に入れて、本文を読んでいくときにはもちろん、問題を解くときにも、忘れないようにすることが大事です。

では、センター試験の前書きを例に見てみましょう。

ワザ74 本文周囲にあるヒント発見・活用のワザ②【パターン的中率80%】

本文最初の数行は、前書きと絡《から》めて具体化！

〈例〉

【前書き❶】

次の文章は、源氏と平氏がそれぞれの身内で敵味方に別れて戦った内乱を描いた『保元物語』の一節である。前半は、勝利した後白河《ごしらかわ》天皇方の源義朝《みなもとのよしとも》が、敗北した崇徳《すとく》院方の父源為義《ためよし》と対面する場面であり、後半は、義朝の家来二人のやりとりを中心とする場面である。これを読んで、後の問いに答えよ。

【前書き❷】

次の文章は『今鏡』の一節で、敏捷《びんしょう》な行動で有名な藤原成通《ふじわらのなりみち》に関する話である。これを読んで、後の問いに答えよ。

【前書き❸】
次の文章は、『一本菊《ひともとぎく》』の一節である。兵部卿宮《ひょうぶきょうのみや》は、菊の宴の折、兵衛佐《ひょうえのすけ》の家にすばらしい菊があることを聞きつけ、その菊を献上させ、その由来を尋ねる。以下の文章は、それに続く場面である。これを読んで、後の問いに答えよ。

兵衛佐、申しけるは、「あれは……

【前書き❶】 この前書きからは、

・後白河天皇方と崇徳院方が戦った
・勝者は後白河天皇方、敗者は崇徳院方
・源義朝は勝者、源為義は敗者
・為義と義朝は父子
・前半は義朝・為義の対面シーン、後半は義朝の家来のやりとりシーン

ということなどがわかります。前書きからしっかりヒントを入手できれば、歴史の知識が深くなくても読解に支障はないほど、いろいろな情報がありますね。

【前書き❷】 一人の人間にはさまざまな面があります。たとえば、クラスをまとめるしっかり者の一面もあれば、ちょっと甘えん坊の一面があったり、動物好きの一面があったり、心配性の一面があったり……。そんな様々な面がある中で、あえて「敏捷な行動で有名な」と特定しているんですから、本文はその「敏捷な行動」がポイントとなるお話に違いないぞ！と読解のヒントを得られます。

【前書き❸】「由来を尋ねる」「それに続く場面」で、「兵衛佐、申しけるは、『あれは……』」と本文が始まるわけですから、これは尋ねられた由来を答えているんだと想像できますね。

前書きは、特に、本文最初の数行を具体化するときにも役に立つので、**最初の数行は前書きと絡めながら読んでいくように心がけましょう！** スタートから話を読み違えることを回避できますよ♪

ワザ75 本文周囲にあるヒント発見・活用のワザ③【パターン的中率70%】

「注」には、本文読解のヒントだけでなく、問題を解くヒントもある！

本文の終わりに、通常、少し小さめの文字で記されている箇所が**「注」**です。〝受験生レベル〟を超えた**難しい単語や表現、専門用語の意味・人物情報・場所の情報・関連のある和歌の情報**などが記されています。

入試問題では、(注)がある箇所を、本文の横に(注1)などと示される場合と、示されていない場合とがあります。特に後者は、うっかり（注）の存在に気づかずに、すなわち（注）をヒントとして使わずに、損《そん》をするというケースが多いので気をつけたいところです。

ところで、（注）には、たとえば、本文中の地名が、現在の○○県のどこどこだ、といった情報や、その人物の生没年を示した（注）など、特にヒントとして活用できそうもないものも含まれます。

でも、場合によっては、その場所や生没年こそが、本文読解の上で大事な情報になることもありますし、何よりも、読解困難な表現の訳や人物に関する情報、問題を解く上でとっても有効な着眼点になる情報もかなり載っていますので、とにかく、必ず、一とおり目を通しましょう。特に、傍線部・傍線部直前・着眼箇所にある（注）は見おとさないように！

＋プラスアルファα

問題作成者からすれば、前書きはごくシンプルに「次の文章を読んで後の問いに答えなさい」だけにして、(注)もナシ、のほぼノーヒントでできれば出題したい、というのが本音かもしれません。そこを泣く泣く(?)前書きとか注に情報を書くのは、それを書かないと問題が成立しなくなったり、問題の難易度が異常に高くなってしまうから。それほどまでに**本文読解や問題を解くのにかかわる、重要な情報のありか**なんだと意識して、ヒントを有効に使ってくださいね。

設問文

ワザ76 本文周囲にあるヒント発見・活用のワザ④【パターン的中率60%】

「設問文」にさりげなく含まれる、主語のヒントを見逃さないで！

「**問1　傍線部Aは……記号で答えよ**」などと書いてある各小問ごとにある問題の文章が**「設問文」**です。答えを要求する内容なだけで、ここにヒントはないだろうと思っていますか? 見逃しがちなんですが、ここにもあるんですよ、ヒントが！

多いのは、**主語に関するヒント**です。

古文本文では主語が省略されがちだ、という話は前にしましたよね? だから、省略されている主語などを自力で補いながら、本文を読み進めるのですが、長い本文であればあるほど、よくわからなかった部分が積み重なり、特に後半は「正しい読解をしている」と自信を持つことは難しくなります。もちろん、主語の補いに関しても、合っているかどうか不安が募《つの》る……。

でも、設問文をよーく見てみたら、そこに**主語が書いてある**ということが結構あるんですよ！　たとえば、次のように。

〈例〉

【設問文❶】

問　傍線部Ａ「かの女まどひ来たり」とあるが、女がそういう行動をとった理由について、本文中ではどのように述べられているか。
〈センター試験〉

【設問文❷】

問　傍線部Ｄ「種しあれば、かかる荒磯にも、生ひ出づる松はありけるものを」は、『古今和歌集』の「種しあれば岩にも松は生ひにけり恋ひをし恋ひば逢はざらめやも」という歌をふまえた表現である。男は、これによって、どのようなことを伝えようとしているのか。
〈センター試験〉

まず**【設問文❶】**をみてください。**古文は助詞もよく省略されています。**だから自力で補わなくてはなりません。ここも「かの女（**が**）まどひ来たり」なのか「かの女（**のもとに**）まどひ来たり」なのか「かの女（**と**）まどひ来たり」なのか、悩むところです。

でも、設問文をみれば、**「女がそういう行動をとった」**とあります。「そういう行動」とは「まどひ来たり」のことを指すのですから、つまり、ここは**「女」が主語**で、「かの女（**が**）まどひ来たり」と読めばいいんだ、ということがわかるわけです。主語情報を入手です！

【設問文❷】からは、２つのヒントが得られます。

一つ目は、傍線部Ｄが「種しあれば岩にも松は……」

という**和歌をベースにしている＝この和歌が着眼点**だということ、2つ目は、傍線部Dが「男」が伝えようとしているセリフだということ、です。

　前後の本文を引用せずに、設問文だけで話を進めてしまっていますが、実はこの傍線部D付近の本文には、主語に関する情報がありません。近辺に「男」という表現はないんですね。つまり、自力で補わないといけない箇所です。でも、この設問文を見れば、それで主語がわかっちゃうわけです！

　もちろん、自力で読み取ることも不可能ではありませんよ。でも、設問文中にある情報と自力で読み取った内容を照らし合わせて、合っていれば、自信をもって先に進めますし、間違っていれば、いちはやく軌道《きどう》修正も可能です。

　いただける情報はいただいて、正解率アップと時間短縮をめざしましょう♪

選択肢

ワザ77　本文周囲にあるヒント発見・活用のワザ⑤【パターン的中率80%】

全選択肢共通部分は、まぎれもないヒント！

すばやく見つけて時間短縮！


「選択肢」こそ、解答の候補が羅列《られつ》されているだけで、ヒントはないだろうと思うでしょ？　そんなことないんですよ。
・全部の選択肢に共通している部分

・正解の選択肢に注目です。

まずは、全選択肢共通部分のパターンを見てください。

〈例〉【全選択肢共通部分】

問 傍線部「いまだ知らせ給ひ候はずや」の解釈として最も適当なものを、次のうちから一つ選べ。

① まだ事情をお話しになっていないのですか
② まだ理由をお聞きになっていないのですか
③ まだ意向をお尋ねになっていないのですか
④ まだ従者にお命じになっていないのですか
⑤ まだ事態がお分かりになっていないのですか

〈センター試験〉

出だしの「まだ」と後半の「お～になっていないのですか」の部分が、全選択肢共通の解釈になっていることがわかりますね。本文の表現でいえば、「**いまだ**」の部分と「**せ給ひ候はずや**」の部分が、全選択肢共通の訳がついている箇所です。

全選択肢共通、ということは、悩む余地《よち》も選ぶ余地もないところ。つまり、問題にもなっていないのにわざわざそこまで傍線をひいて正しい訳まで書いてくれている部分なんですから、これこそが、隠れたヒントです！

だって、ヒントをくれる気がないのなら、「知ら」の部分にだけ傍線をひいて、選択肢もその部分だけを並べて聞けばいいわけでしょ？（ちょっと不格好な傍線ですけど……。）それをしていないんですから、やっぱりこれはヒントですよ。

本来であれば、「す」「給ふ」「候ふ」などは、頻出の助動詞であり敬語ですので、ここが正解を選ぶポイントになっていても不思議ではないところ。助動詞「す」には、使役と尊敬の意味が、敬語「給ふ」には、尊敬と謙譲の意味が、「候ふ」には、丁寧と謙譲の意味があり、自力でこれらを訳そうと思うと、なかなか時間がかかりそうな箇所です。

解き方にはいろいろあっていいんですけど、「自力で訳を作ってから選択肢を見る」という手順でやると、どうしても無駄に時間がかかってしまいがちです。選択肢の中にもヒントがある場合があることを知って、時間のロスなく解くことも意識するといいですよ。

たとえば、この問題の場合なら、aから順に、

a **傍線部を品詞分解**

いまだ／知ら／せ／給ひ／候は／ず／や

b **選択肢を見る**

「あ、最初と最後がみんな同じことが書いてある！」

→**ヒントとしていただく**

c **この問いでのポイントとなる箇所を特定する**

→「知ら」の部分だけ

d **重要語「知る」の意味を思い出し、文脈チェック**

→**正解を選ぶ！**

といった手順で取り組むのがオススメです。

ちなみに、「知る」には「**①分かる ②（土地などを）領有する ③治める**」などの意味があり、ここは選択肢**⑤が正解**です。

続いて正解の選択肢に注目するパターンです。

ワザ78 本文周囲にあるヒント発見・活用のワザ⑥【パターン的中率80%】

正解選択肢は、それ以降を読むヒントに使おう！

〈例〉

【正解選択肢】

問 傍線部「高き手ぶりをも見あきらめばや」の解釈として最も適当なものを、次のうちから一つ選べ。

① 高度な書法をも自分の目で見つけたいものだ
② 高貴な書風をも気のすむまで見られるだろう
③ 高名な筆さばきをも正しく見分けられるだろうか
④ 高尚な筆運びをもまねてから見切りをつけよう
⑤ 高雅な筆づかいをもはっきりと見きわめたい

〈センター試験〉

「正解選択肢にヒントがある」と言われても、「そもそも、正解選択肢がどれかがわからないんだから、ヒントとして使いようもない！」と思いますよね。では、どんなふうにヒントを入手するのか、やってみますね。

さて、選択肢を見ると本文の「高き」「手ぶり」に該当する出だしから細かく訳し分けされていますね。でも「高き」の意味は、「高さ」さえあれば、何にでも使えますし、「手ぶり」も「手」を用いてすることであれば、かなり幅広く用いることができる単語です。

このように、本文を丁寧に読解しないと一つの意味にしぼりこみにくいものから攻めて、選択肢を絞り込もうとするのは、時間もかかり正解率もさがるのでやめた方が賢明です。この傍線部には**「あきらむ」**と**「ばや」**の2つの重要ポイントがあります。ここは文法力を駆使し、助詞「ばや」から考えることにしましょう。

助詞は、すべてが重要というわけではないのですが、**願望・希望の終助詞は頻出**です。**接続とともに正しい訳を覚えておく**ことが攻略のカギです。ちょっとまとめておきますね。

未然形＋ばや	（自分が）～したい
連用形＋{にしがな / てしがな}	（自分が）～したい
連用形＋なむ	（誰かに）～してほしい
さまざまな語＋{がな / もがな}	～があればなあ ～であればなあ

「自分がしたい」のか、「誰かにしてほしい」のか、「恋人がいたらなあ」のような「誰がするのかが漠然とした願い」なのか、によって使う終助詞が違います。この訳の違いが、重要ポイントですよ。

この傍線部は「ばや」ですから、「～したい」と訳している**選択肢①⑤が正しい訳**と、判断できます。

選択肢④「～よう」は、一般的には「む」「べし」などの「意志」の訳として使用しますが、「意志」と「希望」は割と意味的に近く、「つけよう」を「つけたい」とかえても大きくは意味がかわらないので、この選択肢も残しておくことにしましょう。ただし、もう一つのポイント「あきらむ」の意味は**「よく見きわめて明**

らかにする」ですから、④「見切りをつける」や①「見つける」は誤り。**正解は⑤**できまりです。

重要単語や語法で、正解⑤を選べたら、あとは、訳を特定しづらかった「高き手ぶり」の部分を「高雅な筆づかい」と正解選択肢の訳をそのままいただきます。悩まなくても時間をかけなくても「正しい訳」が手に入りましたね♪

「答えが出てるのに、傍線部の訳をチェックするのって時間のムダじゃない……?」と思います? そんなことないんですよ。だって本文はこの先まだまだ続きます。正解自体は重要語をピンポイントで見るだけでわかりましたが、傍線部全体を正確につかんでおくことは、それ以降の本文読解のヒントになるんですから。

テーマ2 本文が示すヒントのありか

「具体的にはどういうことを言っているのだろう?」「どういう心情なんだろう?」「なんで泣いてるんだろう?」など、一歩ふみこんで本文を理解しようとすると、その箇所を訳しただけではよく分からないということがあります。入試では、そういう箇所に限って、表面上の理解だけでなく、ちゃんと一歩ふみこんで理解できているか、「具体的に説明せよ」「心情説明として正しいものを選べ」「理由を答えよ」などと、要求してきます。

傍線部の訳だけで不十分ならば、他に理解を助けてくれる箇所＝ヒントを探す必要がありますね! ということで、今回は、**本文中にある着眼箇所の発見法**についてお話ししましょう。

ワザ79 着眼箇所発見のワザ①【パターン的中率80％】

迷ったら、直前を見よ！

練習問題

次の文中の傍線部を、どういう状態に対して「さすがに」と言っているのかが分かるように現代語訳しなさい。

冬になりて、月なく雪も降らずながら、星の光に、空さすがにくまなく冴えわたりたる夜のかぎり、殿の御方にさぶらふ人々と物語し明かしつつ……

（更級日記）

〈解答欄〉

まずは、傍線部を品詞分解して直訳してみましょう。品詞分解をすると「**空**｜**さすがに**｜**くまなく**」。重要語は「**さすがに**」と「**くまなく**」の部分です。

さすがに《副詞》	そうはいってもやはり そうはいうものの
くまなし《形容詞》	①曇りや陰りがない ②行き届いている 何でも知っている

「くまなし」は、ここは「空」の話題なので、「**曇りや陰りがない**」の方の意ですね。つなげると、「空はそうはいってもやはり曇りや陰りがない」となります。

それなりにわかった感じの訳ですが、「一歩ふみこんだ理解」にはまだ足りないところがあります。

(1) 昼の青空？　夜の星空？

「空はそうはいってもやはり曇りや陰りがない」

(2) 「そう」ってどう？

ではまず(1)から行きましょう。

傍線部の直前に注目です。「**星の光**」とありますから、**夜**だということが明らかですね。つまり、「空は……曇りや陰りがない」というのは、夜空に雲が一つもない状態だとわかりました。

次に(2)。「そうはいってもやはり」「そうはいうものの」の「そう」の内容を考えましょう。

「そうはいってもやはり」というのは、「普通は○○だが、ここでは違って××だ」という文脈の中で用いられる表現です。やはり直前に注目してみましょう。「**月なく雪も降らずながら**」とありますね。古文の時代は電気のない時代。火の明かりをともしはしますが、スポットライト程度のものですから、全体を明るくするまでの光量はありません。月明かり・星明かりが頼りの世界なんですね。そんな世界で「月もなく」ですから、本来なら真っ暗闇になるところです。

ところで、ここの「月もなし」というのは、曇のせいで月が見えないのではありませんよ。「くまなし（＝曇りがない）」ですからね。ここは、月の満ち欠けによって、細く欠けて見えない状態をあらわしています。せめて雪でもあれば多少は白く明るく感じられそうですが、それもありません。
要するに、**普通なら真っ暗闇でも不思議じゃない状況**だ、ということ。これが、「そうはいっても」の「そう」の内容です。「普通なら真っ暗闇でも不思議じゃないところだけど、ここでは違って、星の光で、空は曇りがなく明るい」ということを言ってたんですね。

図解

冬になりて、月〔が〕なく雪も降らずながら、星の光に、空〔は〕さすがにくまなく冴えわたりたる夜のかぎり、〔私は〕殿の御方にさぶらふ人々と物語し〔夜を〕明かしつつ……

↓普通なら真っ暗（月なく雪も降らずながら）

↓ここでの光源（星の光に）

答 月もなく雪も降らない、普通なら真っ暗闇でも不思議ではない夜とはいってもやはり、星の光で、空は曇りがなく明るく

訳 冬になって、月がなく雪も降らないけれども、星の光で、空はそうはいってもやはり曇りがなく明るく冴えわたっている夜の間中、（私は）殿の御方にお仕えする人々とおしゃべりをして夜を明かしつつ……

ワザ80 着眼箇所発見のワザ②【パターン的中率80%】

傍線部前後にあるカギカッコ「 」に着眼せよ!

練習問題

次の文章は『源氏物語』の一節で、須磨でさびしく過ごす源氏のもとに、京から使者が手紙を届ける場面である。読んで後の問いに答えなさい。

折からの御文《ふみ》、いとあはれなれば、御使さへ睦《むつ》ましうて、二三日据えさせたまひて、かしこの御物語などせさせて聞こしめす。若やかに、けしきある候ひの人なりけり。かくあはれなる御住まひなれば、かやうの人も、おのづからもの遠からでほの見奉る御さま容貌《かたち》を、「いみじうめでたし」と<u>涙落としをりけり</u>。

問 傍線部「涙落としをりけり」とあるが、誰のどのような心情のあらわれか、説明しなさい。

〈解答欄〉

「泣いてるんだから、悲しいんだよな」と決めつけてはいけませんよ。悲しくて泣くときだけでなく、嬉し泣きだって悔し泣きだってあるんですから、きちんと本文に書いてあることから心情を考えていくことが大切です。

傍線部の訳は「涙を落としていた」だけですから、ここから心情は特定できません。新しく着眼箇所を探しましょう。ここは**直前の「　」に着眼です！**

〝「　」と言ふ〟〝「　」と思ふ〟などに代表される「　」内には、口に出して言ったり、心の中で思ったりする**具体的な〝セリフ〟がある**ことは、第五章（↓175ページ）でお話ししましたよね。この構造は、ここでも注目です。

「　」と嬉し。

「　」と泣く。

たとえば、右のような場合、具体的にどんな風に嬉しいと思ったのか、具体的に何がどうだから泣いているのかなどが、たいてい直前の「　」内に示されています。

涙を流して「　」と言ひけり。

などと、**泣きながら話す直後のセリフに詳しい事情や心情が示されることもある**ので、直前だけでなく直後にも注目し、「　」があったら、必ず着眼しましょう。

さて、着眼箇所**「いみじうめでたし」**を訳すと「とてもすばらしい」となります。何を「すばらしい」と思っているのかは、さらにその直前に**「ほの見奉る御さま容貌《かたち》**（＝かすかに拝見する御様子・容貌《ようぼう》）**」**とあります。

この場面には、前書きより、源氏と使者がいることがわかります。源氏の動作には尊敬語が使用され、使者の動作には尊敬語は使用されていないことは、冒頭の文からも判明します。この尊敬語の有無情報をここの着眼点に適用させると、謙譲語のみで尊敬語のない「ほの見奉る」の主語は使者、「御」という尊敬語を作るパーツのある「御さま容貌」は源氏の様子、となります。つまり、**「（使者が）かすかに拝見する（源氏の）御様子や容貌」**となるわけです。傍線部にも尊敬語はないので、主語は使者です。

傍線部＋直前「　」＋さらにその直前部分をドッキングさせましょう。

（使者が）かすかに拝見する（源氏の）御様子・容貌を、（使者は）「とてもすばらしい」と（思って）涙を落としていた。

源氏は本来、使者が間近に見ることなどできないほど高い身分の人物です。しかし、ここは須磨でさびしく過ごしている場面ですから、「かやうの人（＝使者）も、おのづから（＝自然と）もの遠からで（＝遠くではなくて）ほの見奉る（＝かすかに拝見する）」ことができるわけです。近くで見ると、「すごいカッコイイ！」と感極まって泣いちゃった、という場面です。

傍線部だけで心情を決めつけたり、前書きから勝手に想像して、「源氏がさびしそうだから可哀想になって泣いたんだな」などと話を作ったりしないように！着眼箇所をきちんと設定した上で解くことを徹底してください。

図解

折からの御文《ふみ》（が）、いとあはれなれば、御使さへ（手紙だけでなく）睦《むつ》ましうて、（源氏は使者を）二三日据えさせたまひ（尊敬）て、（須磨の源氏邸に）かしこ（京のこと）の御物語など（を）せさせ（使者に・使役）て（源氏が）聞こしめす（尊敬）。若やかに、けしきある候ひの人（使者のこと）なりけり。かくあはれなる御住まひ（須磨の源氏邸のこと）

なれば、かやうの人も、おのづからもの遠からでほの見奉る御さま容貌《かたち》を、「いみじうめでたし」と涙落としをりけり。

使者のこと
源氏との距離が
使者が
謙譲
源氏の
尊敬
使者は
を
尊敬ナシ

答 使者の、とてもすばらしい源氏の様子や容貌に対する感動のあらわれ。

訳 ちょうどそうした折のお手紙が、とてもしみじみとするので、（手紙だけでなくそれを届けてくれた）御使者までもを慕《した》わしく感じて、（源氏は使者を）二三日（須磨の邸に）おとめ置きになって、（使者に）あちら（＝京）のお話などをさせて（源氏は）お聞きになる。若々しくて、雰囲気のあるお仕えの人であった。このようにしみじみとした思いになる（源氏の須磨の）御住まいであるので、このような人（＝使者）も、自然と（源氏との距離が）遠くはなくてかすかに拝見する（源氏の）御様子や容貌を、（使者は）「とてもすばらしい」と（思って）涙を落としていた。

＋プラスアルファ α

「源氏がカッコイイだけで泣くの!?」って思いました? 確かに、現代では、ものすごいあこがれの海外スターを初めて空港で間近に見た、とかそれぐらいじゃないと、カッコイイだけでは泣きませんよね、たぶん。

でも、古文の世界の人達って、男の子も女の子も、頻繁《ひんぱん》に泣きます。しかも、現代人から見ればかなり些細《ささい》なことでも泣きます。

「泣いてるのは女の子じゃないかな」とか、「泣いてるからものすごく深刻なことが起こったんじゃないかな」とか、現代人感覚で決めつけないように注意しましょう。

ワザ81 着眼箇所発見のワザ③【パターン的中率70%】

「 」内の傍線部は、「 」内の残りの部分か、「 」の直前直後に注目!

練習問題

次の文章は、貧しさに苦しむ女が長谷寺に参詣する場面である。読んで、後の問いに答えなさい。

さて、夢の中に、僧のいみじく尊く、年たけ、徳至《いた》れりと見ゆるが、出で来給ひて、「あはれに思ふぞよ。

恨めしくな思ひそよ。その後の方に臥したる女房の薄衣《うすぎぬ》を、やをら取りて着て、早く起きて帰りね」と仰せらるるありけり。夢醒《さ》めて思ふやう、「あさましのわざや。はてはては人の物盗むほどの身の報《ほう》にてさへ侍りけるよ。たとひ取りたりとても、衣《きぬ》一つはいくほどの事かは侍るべき」とは思ひながら、「さりとては、やうこそはあるらめ。さばかり身をまかせて参り侍らん甲斐《かひ》には、たとひ見つけられて、いかなる恥を見るとても、それをだにも仏の奉公にこそはせめ」など思ひて、後の方を見るに、まことに、衣ひき着て寝《い》ねたる女房あり。

（閑居友）

問　女はなぜ傍線部のように思ったのか。その説明として最も適当なものを、次の中から一つ選びなさい。

① 夢のお告げとはいえ、人の物を盗むことなどしてはいけないことだし、すれば極楽往生も叶わなくなるから。

② いくらお参りしたところで、盗人にまで身を落とす前世からの宿命だと尊い僧に面と向かって告げられたから。

③ 一縷《いちる》の望みを抱いて僧を頼ったのに、実は盗みを強要する悪僧で、今後もっとひどいことをさせられそうだから。

④ せっかく得た夢のお告げが人の着物を盗むことであり、また着物一枚を手に入れても何の足しにもならないから。

〈解答欄〉

さて、傍線部は「**あさまし｜の｜わざ｜や**」と品詞分解されます。重要語は「**あさまし**」と「**わざ**」です。

あさまし《形容詞》	驚きあきれるほど～だ
わざ《名詞》	①人間がすること ②仏事・法要

ここの「あさまし」は語幹用法で、「あさまし」に助詞「の」を伴って「**あさましの**」で**連体形「あさましき」**と同じ働きをします。また、**〔語幹用法～や〕**のときの**「や」**は、詠嘆の意味で**「～だなあ。～ことよ」**と訳します。「わざ」は現代語とは異なり、「人間がすること全般」の意味で用いられることが多いので注意。ここも**「こと」**と訳しましょう。全体で**「驚きあきれるほど～なことだなあ」**となります。

「～」の部分がまだ「?」です。「あさまし」の訳「驚きあきれるほど～だ」の「～」には、「すごい」「ひどい」など、プラスの意味合い・マイナスの意味合い、どちらも入りますから、文脈に応じて考えます。ここは、**選択肢すべてがマイナス方向で理由**を説明していますから、**「驚きあきれるほどひどいことだなあ」**などとマイナスの意味合いを補えばいいことがわかりますね。

さて、訳は完成しましたが、これだけではなぜ「あきれるほどひどい！」と女が思っているのかは分かりません。そこで傍線部以外の着眼箇所を探しましょう。今回は、「　」の中に傍線部がありますね。ならば、ワザ81を使って、まず「　」内の残りの部分に注目してみましょう。

私たちが普段する会話では、話している内容が次々変わってしまったり、途中で別の話題が飛び込んできたり、なんて、よくあることですよね。古文世界の人達も、現実には同じようなものだったと思うのですが、物語として描かれるときは、さすがにそれではわかりにくいので、「　」の中が、多少は整理整頓されています。基本的に、**一つの「　」の中は、ワンテーマ**です。だから、「　」内の傍線部など、よくわからない表現が出てきたときに、「　」内の残りの部分を見れば、同じテーマのことが記されているので、ヒントになるんですよ。

● ははては人の物盗むほどの身の報にてさへ侍りけるよ。

訳 最後には人の物を盗むほどの我が身の報いでまでもありましたことよ。

貧乏の果てに泥棒になる運命だったなんて！

● たとひ取りたりとても、衣一つはいくほどの事かは侍るべき。

訳 たとえ（人の物を）取ったとしても、着物一枚ではどれほどの事があるでしょうか、いやたいした足しにはならないでしょう。

仮に盗んでも、服一枚ぐらいじゃ意味ない！

夢のお告げをうけて、感想を述べているところですね。古文の世界では、お寺参りは日帰りではなく、たいてい何泊かとまります。そして、その間に夢のお告げをうける、という話がよくあります。夢のお告げの中には、何を意図しているのかわかりにくいものや、ちょっと聞いただけでは、たいした内容には思えないものもあります。ここもそうで、お告げの内容に「ひどい！」とショックを受けているんですね。着眼箇所がわかれば、後はその箇所を正確に訳し、選択肢の中に事実関係の誤りがないか、本文に書いていない事柄を勝手に補った誤りはないかをチェックします。

選択肢①「極楽往生も叶わなくなる」のような、本文に書いてない内容は、書いてある本文情報からよっぽど確実に想定できるもの以外は、基本的にはNGです。ここも、他の箇所でまったく来世について言及していませんから、極楽往生の話題と読み取るのは無理がありますね。間違い選択肢として消去しましょう。③も本文にない情報があり×。②は事実誤認があり×。

正解は④です。

書いてないことを勝手に補って読むクセをつけてし

まうと、どんどん勝手にお話を作ってしまって、書いてあることまでも自分の話に合わせてゆがめて解釈し、話全体もまったく違ったお話に読んでしまった、読解系の問題はすべて×……という悲しい結末になりますので、「そういうクセがあるな」と思う人は、この機会に、**「書いてあることに忠実に読む」**方針に変換しましょうね！

図解

さて、夢の中に、僧のいみじく尊く、年たけ、徳至《いた》れりと見ゆるが、出で来給ひて、「あはれに思ふぞよ。恨めしくな思ひそよ。その後の方に臥したる女房の薄衣《うすぎぬ》を、やをら取りて着て、早く起きて帰りね」と仰せらるるありけり。夢醒《さ》めて思ふやう、「あさましのわざや。はてはては人の物盗むほどの身の報《ほう》にてさへ侍りけるよ。たとひ取りたりとても、衣《きぬ》一つはいくほどの事かは侍るべき」とは思ひながら、「さりとては、やうこそはあるらめ。さばかり身をまかせて参り侍らん甲斐《かひ》には、たとひ見つけられて、いかなる恥を見るとても、それをだにも仏の奉公にこそはせめ」など思ひて、後の方を見るに、まことに、衣ひき着て寝《い》ねたる女房あり。

女は
この夢のお告げには
私が
長谷寺に
誰かに盗みを
私が
夢のお告げどおり実行すること
と
女が
を
が

問 女はなぜ傍線部のように思ったのか。その説明として最も適当なものを、次の中から一つ選びなさい。

① 夢のお告げとはいえ、人の物を盗むことなどしては×いけないことだし、すれば極楽往生も叶わなくなるから。

本文に書いてない

② いくらお参りしたところで、盗人にまで身を落とす前世からの宿命だと×尊い僧に面と向かって告げられたから。

女房が思っただけで言われていない

③ 一縷《いちる》の望みを抱いて僧を頼ったのに、実は盗みを強要する△悪僧で、×今後もっとひどいことをさせられそうだから。

「何かわけがあるのだろう」と思っているのだから、「悪僧」かはまだ不明

本文に書いてない

④ せっかく得た夢のお告げが人の着物を盗むことであり、また着物一枚を手に入れても何の足しにもならないから。

「女房の薄衣を……取りて」と合致…○

「衣一つはいくほど……」に合致…○

↓正解

答 ④

訳 さて、（女の）夢の中に、僧でとても尊く、歳をとり、徳を極めたと見える僧が出ていらっしゃって、「（私はおまえのことを）気の毒に思っているぞ。（おまえは貧しい自分の身の上を）恨めしく思ってはならないよ。（おまえは）その後方で眠っている女房の薄衣を、そっと取って着て、早く起きて帰ってしまえ」とおっしゃることがあった。（女が）夢から醒めて思うことは、「驚きあきれるほどひどいなあ。しまいには人の物を盗むほどの（我が）身の（前世からの）報いでまであったことですよ。（お告げどおりに）たとえ（女房の薄衣を）取ったとしても、着物一枚がどれほどの事がありましょうか」とは思いながら、（女は）「そうはいっても、（この夢のお告げには）何かわけがあるのだろう。あれほど身を任せて参詣しております結果として、

たとえ（誰かに盗みを）見つけられて、どんな恥をかくとしても、せめてそれ（＝夢のお告げどおりにすること）だけでも仏への奉公としてしよう」などと思って、（女が）後方を見ると、本当に衣を引きかぶって寝ている女房がいる。

「あーでもない、こーでもない、グダグダ、ダラダラ……」と悲しく思ひけり。

とあれば、「　」内は何を言っているのかわからないけど、要するに「悲しく思った」のね、と**大枠をつかめます**。（ただし、「古語や語法がわからないために「　」内がよくわからない」人は、単語力と文法力を増強させることも怠《おこた》らずにね！）

さて「　」内は、具体的なセリフで、詳細な情報があらわれやすいから、着眼箇所として有効、という話をしてきたんですが、場合によっては、その具体的なセリフがあだになる、ということもあります。

たとえば、

①「あーでもない、こーでもない」とグダグダ言い続けているために、結局何を言いたいのかわからない

②難しい古語や語法が満載で、うまく訳せない

③専門用語や古文常識に絡んでいて、よくわからない

などの場合は、「　」内がヒントとしては使えません。

そんなときは、**「　」の直後に注目**しましょう。

たとえば、

！ちょっと注意

着眼すべき「　」は、なにも本文中に印刷されたものだけではありません。第五章でお話ししたカギカッコ挿入のワザによって、みなさんが手書きで書き込んだ「　」も、着眼箇所になりますからね♪

ワザ82 着眼箇所発見のワザ④【パターン的中率70％】

「　」の後の行動をチェックしてウソを見抜け！

「　」に関して、もう一つ注意点。

人間ってウソをつきますよね？　古文の人達もウソをつきます。つまり**「　」内のセリフが真実を言っていないときがある**ってことなんです。登場人物と一緒になって、私たちまでだまされてしまったら、その後の読解に手間取ります。早くウソだと気づきたい。どうやったら、ウソだと見破れるか？

たとえば、

「おいしい！　おいしい！」といっぱい食べた。

のように、「　」内の内容とその後の行動が不自然じゃなければ、たいてい問題ナシ。ウソは言ってないと判断できます。でも、

「おいしいよ」と言って料理を残した。

のように、「　」内の内容とその後の行動が、明らかに食い違う場合は、この「　」内はウソですよ。

もちろん、「言ったときには、本当にそうしようと思っていたけど、結局できなかった」ということもありますよね。ウソをつく気はなかったけど、結局はウソになっちゃった、というパターン。でもそのときは、古文の場合、そうした経緯とか事情とか「　」と行動の間に、いろいろ書かれているのが普通ですし、やっぱりこの場合、発言直後、ということはないですよね。

だから、**発言直後の行動がすでに発言内容と食い違っているなら、その発言はウソです**。人間、口ではウソつけても、行動まではなかなか伴《ともな》いませんからね。以上、ウソ発見のワザでした！

(例)

(源頼朝は)「この火取り、法師に参らせよ」とて、白銀《しろかね》もて作りたる猫の形したるを、取り伝へて、「君よりたまふる」とて、(西行法師の)前に置きたり。(西行法師は)「しし猿はなほ心猛《たけ》し。鼠《ねずみ》をだにえとらぬ痩《やせ》法師がためには似つかはしき御賜物《たまもの》ぞ」とて、三度押し戴《いただ》きぬ。

(西行法師は)あした、御暇《いとま》たまはりて立ち出づるに、御館《みたち》の人宿《ひとやどり》に、誰《た》が殿の童《わらは》べならん、くくり袴《ばかま》の裾《すそ》、朝露にぬれそぼちて、いと寒げにをるを見て、「これ取らせん。火埋《うづ》みて手足暖めよ」とて、かのきらきらしき物を与へて、かへり見もせず立ち去りぬ。

(藤簍冊子)

訳

(源頼朝は)「この香炉《こうろ》を、(西行)法師に差し上げろ」と言って、白銀で作った猫の形をした香炉を、(家来が)取り(西行に)渡して、「君(=頼朝)からいただいた(ものである)」と言って、(西行法師の)前に置いた。(西行法師は)「(頼朝が自分たち武士のたとえに使った)イノシシや猿はそれでもやはり勇猛《ゆうもう》である。ネズミさえ捕《と》ることのできない(私のような)痩《やせ》法師のためにはふさわしい頂き物だ」と言って、三回拝むようにして頂戴《ちょうだい》した。

(西行法師は)朝、(頼朝に)お暇をいただいて(屋敷から)出ると、屋敷の詰め所に、どの殿の供の童だろうか、括《くく》り袴《ばかま》の裾《すそ》が、朝露にびっしょりと濡れて、とても寒そうに座っているのを見て、「これを与えよう。炭火を入れて手足を暖めよ」と言って、あの豪華な物(=頂戴した香炉)を与えて、ふり返り見もせず立ち去った。

ウソを見抜けましたか？　ここは頼朝からプレゼントをもらった直後の西行法師の発言と行動**「『……似つかはしき御賜物ぞ』とて、三度押し戴きぬ」がウソ・偽り**です。発言直後の行動とはいえ、「ハハァーッ」などとお辞儀するのは、発言とワンセットの行動ですし、簡単な動作ですから、これはウソの一部です。頼朝から見えない屋敷外に行ってからの行動が、西行法師の本心があらわれているところで、大げさにありがたがってもらっていたのに、ふり返って見もせずに立ち去っていることから、実はまったくありがたいプレゼントだなんて思ってなかったことがわかりますね。

！ちょっと注意

先ほどの「ハハァーッ」とお辞儀する以外にも、作り笑顔とか嘘《うそ》泣きとか、ちょっとした動作の場合は、直後の行動までも含めてウソということもあります。相手のいないところで態度が変わったら、ウソだったことになります。

次は、理由説明問題の対処法を紹介します。

ワザ83 着眼箇所発見のワザ⑤【パターン的中率80％】

「なぜか？」と問われたら、直前の〈已然形＋ば〉に注目！

「傍線部の理由は何か」。よくある理由説明問題ですね。この場合、わかりやすい目印があります。それがワザ83です。

〈已然形＋ば〉は、**「〜ので」**という訳をもつ表現で、「なぜか?」と聞かれた箇所の直前に「〜ので」とあれば、もちろん、そこが着眼箇所になります！

練習問題

次の文章中の傍線部について、誰がなぜした行動か、説明しなさい。

（藤原成通《なりみち》は）そりたる沓《くつ》（注1）をはきて、清水の舞台（注2）の勾欄《かうらん》（注3）にて鞠《まり》を蹴たまひけるを、父の宗通《むねみち》の大納言、あさましくうつつ心なく覚えたまひて、この事いさめんとて、呼び寄せたまひけるに、畳の上五寸（注4）ばかりあがりておはしければ、化人《けにん》（注5）にこそと思ひたまひければ、手を合はせて拝《をが》みて退《の》きたまひけるを、成通も大《おほ》きにおそれたまひけりとぞ。

（撰集抄）

（注）
1 そりたる沓——蹴鞠の時にはく、先が反り返った沓。
2 清水の舞台——清水寺の観音堂の舞台。断崖絶壁の上に建つ。
3 勾欄——欄干。
4 五寸——約十五センチほど。
5 化人——仏の化身。

〈解答欄〉

まず、傍線部を訳してみると、**「手を合わせて拝んで退《しりぞ》きなさった」**ですね。ほぼこれは古文のままで理解可能ですね。

次は、**主語を特定**しておきましょう。ここは傍線部直後に、**接続助詞「を」**があることに注目です。ワザ6により、この**「を」の前後で主語が変わっている可能性が高い**ところです。そしてその変わった後の主語が「成通」です。この本文には成通と父の宗通しか登場していないことから考えれば、傍線部の主語は、**父の宗通**となりますね。父が成通に向かって手を合わせて拝み出したから、成通は大いに恐れおののいた、と、文脈上も不自然はありませんので、これでヨシ！傍線部の主語は父の宗通で、決定です。

では、父宗通はなぜ息子に対してこんな行動をとったのでしょう。

注目は、直前にある**「……ければ」**です。**〈過去の助動詞「けり」の已然形＋ば〉**で、**「～たので」**と訳す、ここが着眼点です。ただ、「たので」だけを見つめていても何も得られないので、もう少し着眼箇所を広げ、「化人にこそと思ひたまひければ」まで見てみます。ここは「……と思ひ」となっているので、直前に心のセリフがあるところ。**『化人にこそ』と思ひ……」**とカギカッコをつけましょう。他の情報も足して、まとめると、次のようになります。

成通は　「化人にこそ」（ワザ46により「あらめ」を補足）と思ひたまひ**ければ**、（ので）

宗通は　手を合はせて拝みて退きたまひける**を**《ところ》、**成通**も…

（「ば」の前後の例外でここは主語変わらず）

（「を」の下の主語が成通なので下から逆算して　宗通は）

宗通が「コイツは仏の化身だ！」と思って拝んだ相手は、息子の成通です。2人しか登場していない本文ですからね。成通が畳から15㎝ほど浮き上がっていたのを見て、「ただの人間じゃないぞ」と思ったんですね。

なぜ仏の化身だと思ったのかという事情も含めて解答にまとめましょう。

図解

（藤原成通《なりみち》は）そりたる（注1）沓《くつ》をはきて、［成通は］（注2）清水の舞台の（注3）勾欄《かうらん》にて鞠《まり》を蹴たまひけるを、［主語変わる］父の宗通《むねみち》の大納言、［は］あさましくうつつ心なく覚えたまひて、［宗通は］［「］この事［を］いさめん［」］とて、［と思って］［宗通は成通を］呼び寄せたまひけるに、［主語変わる］［成通は］畳の上［を］（注4）五寸ばかりあがりて［浮き上がっていたということ］おはしければ、［主語変わる］［宗通は］［「］［成通は］（注5）化人《けにん》にこそ［あらめ］［」］と思ひたまひければ、［※ここは主語変わらない］［宗通は］手を合はせて拝《をが》みて退《の》きたまひけるを、［主語変わる］成通も大《おほ》きにおそれたまひけりとぞ。［言ふ］

答 宗通が、十五センチほど浮き上がっていた成通を見て仏の化身だと思ったから。

訳 (藤原成通は) 先が反《そ》り返った沓《くつ》をはいて、清水《きよみず》の舞台の欄干《らんかん》(の上) で鞠《まり》を蹴りなさったところ、父の宗通の大納言は、驚きあきれて正気をなくしなさって、「このことを注意しよう」と思って、(成通を) 呼び寄せなさったところ、(成通は) 畳の上を約十五センチほど浮き上がっていらっしゃったので、(宗通は) 「(成通は) 仏の化身《けしん》なのであろう」と思いなさったので、(宗通は成通に向かって) 手を合わせて拝んで退きなさったところ、成通もおおいにおそれなさったということだ。

! ちょっと注意

今の本文解説中、接続助詞「ば」なのに主語が変わらないところが出てきました (吹き出しの※部分)。これはワザ6の例外パターンです。

まずは、ワザ6をもう一度確認しましょうか。

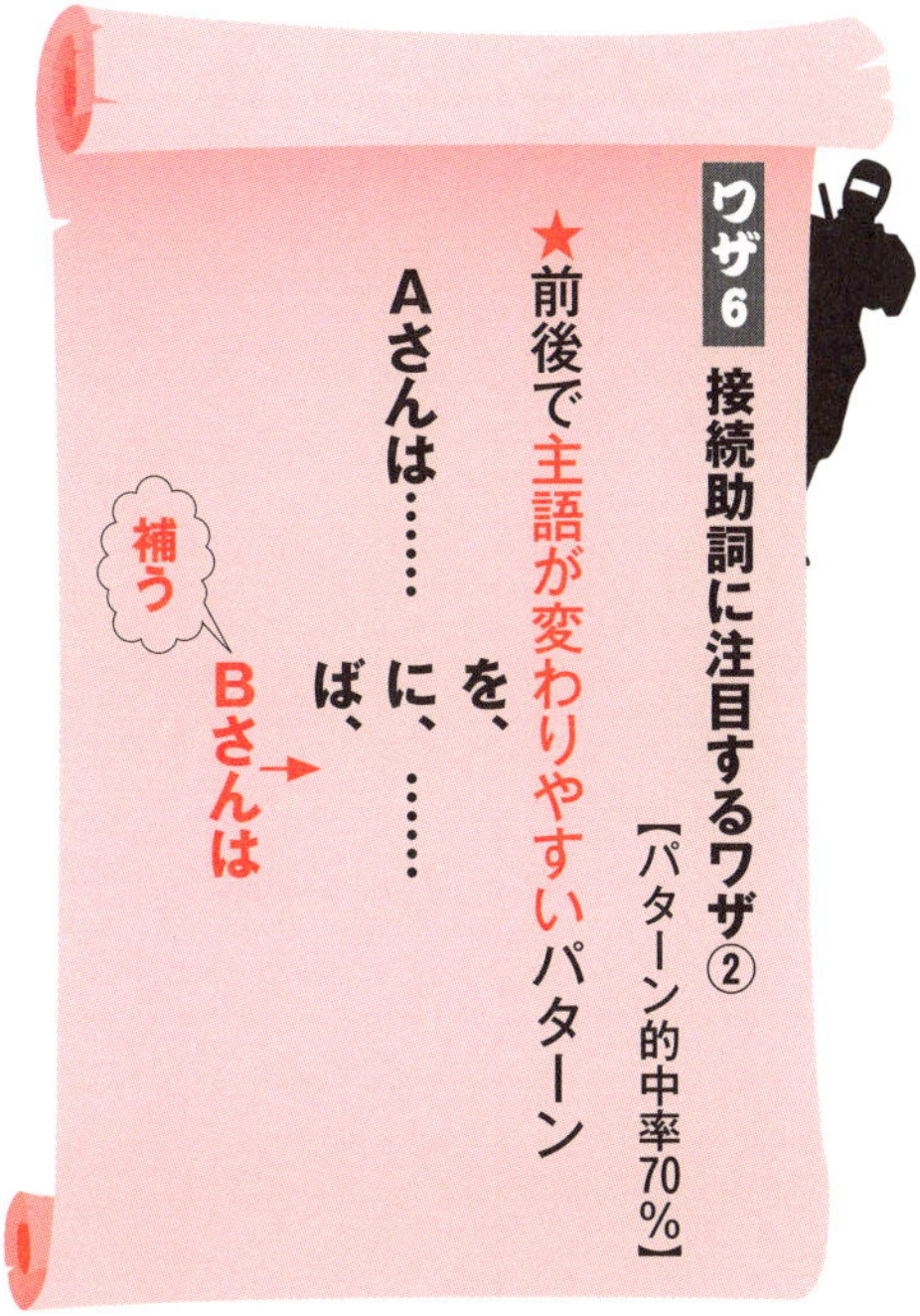

このあたりのワザは、もうだいぶ慣れて使いこなせるようになっているんじゃないでしょうか。

ワザにはたいてい例外があり、常に他の観点からもチェックをかかさないようにして精度を高めてほしいんですけど、このワザの場合は、30％の例外があり、なかなかの例外出現率なので、特に注意です。

そこで、例外30％の中でよくあるパターンを紹介しておきます。つまり、**接続助詞「を・に・ば」があっても、主語が変わりにくいパターン**です。

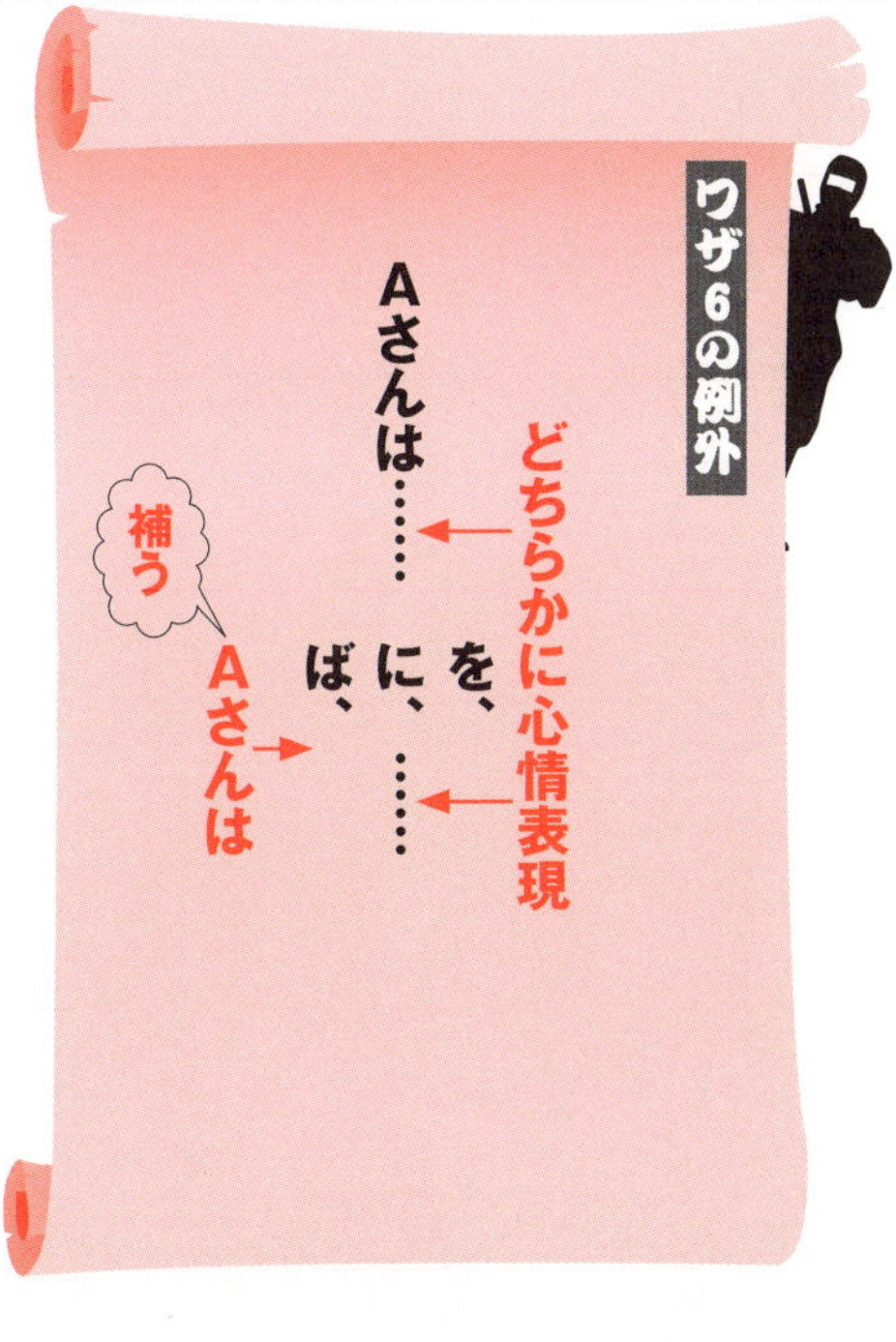

「悲しいから泣いた」「大好きだから会いに行った」など、現代語でもこのパターンのときには、普通、主語は変わりませんよね♪

さらに、すでに別の章で触れたところですが、本文中にあるヒントとしても意識してほしいものをあげておきますね。

ワザ84 着眼箇所発見のワザ⑥【パターン的中率80%】

ここも着眼点！

- **類似表現**
- **対の表現**
- **やりとりしている和歌のもう一方**

さあ、おしまいに近づいてきました。いろいろなパターンをお話ししてきましたが、最後の一つです。

練習問題

次の文章は、江戸時代の文人である橘南谿《たちばななんけい》が九州に旅した際、見聞したことを記した文章の一節である。筆者は、ある百姓家を訪ねたところ、老婆一人があらわれた。読んで後の問いに答えなさい。

「いかがして人の少なきや」と問へば、「父、子、嫁、娘、皆今朝七つ時(注1)より『すみら(注2)』掘りに参れり」といふ。「それは早き行きやうなり」といへば、「この所より八里山奥に入らざれば『すみら』なし。浅き山は既に皆掘りつくして食すべき草は一本も候はず。八里余、ごく難所の山をわけ入り、『すみら』を掘りて、この所へ帰れば、都合十六里の山道なり。帰りも夜の四つ(注3)ならでは帰りつかず。朝七つも猶《なほ》おそし。その上、近き頃は皆々空腹がちなれば、力もなくて道もあゆみ得ず」といふ。

（西遊記）

（注）1　今朝七つ時――今朝五時頃。
2　すみら――水仙に似た草。ここでは、飢饉のために食用にしている。
3　夜の四つ――夜十時頃。

問　傍線部「それは早き行きやうなり」とあるが、なぜ早く行くのか、本文の内容に即して説明しなさい。

〈解答欄〉

「なぜか？」という理由説明問題ですが、この傍線部の直前には、ワザ83でおさえた〔**已然形＋ば**〕**はありません**。でも、あせらないでくださいね。ワザ85です。

疑問に対する答え、理由、詳しい心情など、私たちが知りたい情報は、本文をよく探せば、たいていどこかに**ちゃんと書いてある**んです。

ワザ85 着眼箇所発見のワザ⑦【パターン的中率90％】

読解系問題の答えは、**必ず本文中に書いてある！**

単語の意味や文法、文学史・古文常識といった知識系の問題は、基本的には、記憶力で答えるものです。いわば、答えは「頭の中」にある！という問題です。でも、読解系の問題は、**本文を見ずに答えを出すなんてことはできません**。確かに、古文には「こういうときにはこういう展開になることが多い」というパターンはありますけど、人物も違えば状況も違う本文なんです。やっぱり一概には言えません。だから、主語把握にせよ、理由や心情把握にせよ、その答えは、目の前にある本文の中にこそあるんです！

見方を変えれば、本文中に情報がなければ、主語把握の問題であれ心情・理由説明問題であれ、正解なんて想像の域を出ませんから、問題として成立しないのです。そして、成立しない問題なんて、（誤って出題しちゃった以外）出題されません。

必ずどこかに情報がありますから、あせらず探しましょう。

今回は、直後で老婆《ろうば》が語っています。**「この所より……あゆみ得ず」**の部分です。着眼箇所がわかったら、直訳して、解答としてまとめます。特に今回は、着眼箇所が長いですから、老婆の発言の中から、「早く行かなくてはならない直接の理由」にあたるところを厳選して、解答のもとになる着眼箇所としましょう。

図解

「いかがして人の少なきや」と問へば、「父、子、嫁、娘、皆今朝七つ時より（注1）『すみら』（注2）掘りに参れり」といふ。「それは早き行きやうなり」といへば、「この所より八里山奥に入らざれば『すみら』なし。浅き山は既に皆掘りつくして食すべき草は一本も候はず。八里余、ごく難所の山をわけ入り、『すみら』を掘りて、この所へ帰れば、都合十六里の山道なり。帰りも夜の四つ（注3）ならでは帰りつかず。朝七つも猶《なほ》おそし。その上、近き頃は皆々空腹がちなれば、力もなくて道もあゆみ得ず」

私（＝筆者）が　が　と　老婆が　を　私（＝筆者）が　老婆が　と　ここから着眼箇所　と　は　ここが厳選着眼箇所　と　合計　家に　が　ので

といふ。

答 「すみら」を掘って手に入れるためには、往復で十六里余りの山道を歩かなければならず、早朝に出発しないと、帰りも夜遅くになってしまうため。

訳 （私（＝筆者）が）「どうして人が少ないのか」と質問すると、（老婆が）「父、子、嫁、娘、皆今朝七つ時から『すみら』を掘りに出かけました」と言う。（私（＝筆者）が）「それは早い出発だ」と言うと、（老婆が）「ここから八里山奥に入らないと『すみら』はない。近い山はすでに皆掘りつくして食べられる草は一本もございません。八里余り、ごく険しい山を分け入り、『すみら』を掘って、ここへ帰ると、合計十六里の山道である。帰りも夜の四つ時でなくては（家に）帰りつかない。朝七つ時でもそれでも遅い。その上、最近は全員が空腹がちであるので、力もなくて道もうまく歩けない」と言う。

最後に、今までのワザを駆使して、入試問題に挑戦しましょう！どれだけ読めるようになったか、楽しみですね♪

入試問題に挑戦！

次の文章を読んで、後の問いに答えなさい。

大納言行成卿、いまだ殿上人にておはしける時、実方中将、いかなる憤《いきどほ》りかありけん、殿上に参りA会ひて、いふ事もなく、行成の冠を打ち落として、小庭に投げ捨てけり。行成少しもさわがずして、主殿司《とのもりづかさ》を召して、「冠取りて参れ」とて、冠して、守刀より笄《かうがい》（注1）ぬき取りて、鬢《びん》かいつくろひて、B居なほりて、「いかなる事にて候ふやらん、たちまちにかうほどの乱罰にあづかるべき事こそ覚え侍らね。その故を承りて、後の事にや侍るべからん」と、ことうるはしくいはれけり。実方は、しらけて逃げにけり。

折しも小蔀《こじとみ》より、主上、御覧じて、「C行成はいみじき者なり。かくおとなしき心あらんとこそ思はざりしか」とて、そのたび蔵人頭《くらうどのとう》あきたりけるに、D多くの人を越えてなされにけり。実方をば、中将を召して、「E歌枕見て参れ」とて、陸奥国《みちのくに》の守《かみ》になしてぞつかはされける。やがてかしこにて失せにけり。実方、蔵人頭になられでやみにけるを恨みにて、執とまりて雀になりて、殿上の、小台盤（注2）に居て、台盤をくひけるよし、

人いひけり。一人は不忍によりて前途を失ひ、一人は忍を信ずるによりて褒美《ほうび》にあへるたとへなり。（十訓抄）

（注）1　笄――髪をかきあげるのに使った道具。男子の場合、刀の鞘《さや》にさしておく。
2　小台盤――食器を乗せる小さな台。

問一　本文中から挿入句を抜き出しなさい。

問二　傍線部A・Bの主語は誰か。本文中から抜き出しなさい。

問三　傍線部Cを現代語訳しなさい。

問四　傍線部Dは誰がどのようにしたことか。その説明として最も適当なものを次の中から一つ選びなさい。

①　帝が、蔵人頭をやめさせて代わりに行成を任命した。
②　行成が、空席となった蔵人頭の地位を帝に願い出た。
③　蔵人頭が、みずからの後任として行成を推薦した。
④　帝が、欠員のあった蔵人頭の地位に行成を抜擢した。
⑤　行成が、蔵人頭の地位を他人に譲ろうとした。

問五　傍線部E「歌枕見て参れ」とあるが、そこには帝のどのような意図が込められているか。その説明として最も適当なものを次の中から一つ選びなさい。

①　和歌を学ばせよう
②　左遷しよう
③　遠くでかくまろう

④ 骨休みさせよう
⑤ 昇進させよう

問六 この逸話を通して編者が最も言いたいことは何か。

〈日本大〔改〕〉

〈解答欄〉

問一

問二 A

B

問三

問四

問五

問六

問題文図解

いかがでしたか？　では、図解とポイント解説です。

大納言行成卿、いまだ殿上人にておはしける時、実方中将、いかなる憤《いきどほ》りかありけん、殿上に参り会ひて、A
いふ事もなく、行成の冠を打ち落として、小庭に投げ捨てけり。行成少しもさわがずして、主殿司《とのもりづかさ》を召して、
「冠取りて参れ」とて、冠して、守刀より笄《かうがい》（注1）ぬき取りて、鬢《びん》かいつくろひて、居なほりて、B「いかなる事にて
候ふやらん、たちまちにかうほどの乱罰にあづかるべき事こそ覚え侍らね。その故を承りて、後の事にや侍るべ

ワザ2 → が
は
ワザ57 → 挿入句
が
殿上の間のこと
挿入句をはずせば主語が見える
実方は
動作・態度に注目して、ここは主語が変わる
は
行成は
行成は
を
行成は
取って来た
を
行成は
を
行成は
を
行成は
行成は
罰するにしても

からん」と、ことうるはしくいはれけり。実方は、しらけて逃げにけり。

折しも小蔀《こじとみ》より、主上、御覧じて、「行成はいみじき者なり。かくおとなしき心あらんとこそ思はざりしか」とて、そのたび蔵人頭《くらうどのとう》あきたりけるに、多くの人を越えてなされにけり。実方をば、中将を召して、「歌枕見て参れ」とて、陸奥国《みちのくに》の守《かみ》になしてぞつかはされける。やがてかしこにて失せにけり。実方、蔵人頭になられでやみにけるを恨みにて、執とまりて雀になりて、殿上の、小台盤（注2）に居て、台盤をくひけるよし、人いひけり。

一人は不忍によりて前途を失ひ、一人は忍を信ずるによりて褒美《ほうび》にあへるたとへなり。

が
主上は
C
プラスの意味
ほめ言葉
行成に
が
私は
「中将」職を召しとって
が
あいた蔵人頭に
D
昇進
行成を
を
「をば」の「ば」は単なる強調なので無視
主上は
を
E
中将→陸奥の国守は降格人事
陸奥国のこと
実方は
任命して
マイナスの事柄
は
が
を
が
実方のこと
行成のこと

設問の解き方

問一　ワザ57を使用！

問二　A　第一段落は、行成と実方が争っている場面ですから、事実としてはこの2人が「会ふ」ことを言っています。問題はここでの書き方です。事実は同じでも、「2人が会う」「行成が実方に会う」「実方が行成に会う」、いずれでも言えますよね。ここでは誰が主語になって書いてあるかの把握が大事です。直前に挿入句**「いかなる憤りかありけん」**があります。挿入句は本筋から離れた内容なので、「いかなる……けん」までを本文からいったん退ければ、「**実方中将、殿上に参り会ひて**（実方中将が、殿上の間に参上し会って）」となります。これで**実方が主語**だと判明です。

B　ワザ5を使用！**「て」をたどっていけばOK！**

問三　ワザ40と81を使用！**「いみじ」は曖昧ワード**だけど、「　」内の残りの部分に注目すると、「かくおとなしき心あらんとこそ思はざりしか（＝このように思慮分別のある心があるだろうとは思わなかった）」と褒めてますから、「いみじ」も「すばらしい」「立派な」など、**プラスの方向**で訳せばいいことがわかりますね。

問四　傍線部を直訳すると「多くの人を越えて任命なさった」。当時、人事権を持っていたのは天皇です。ここは、行成の優秀さに気づいた天皇（＝主上）が、行成を蔵人頭に任命したということ。

問五　ワザ82を使用！　このセリフは言葉どおり受け取っていいのか、がポイント。歌枕（＝「名所」のこと）を見るだけなら、陸奥国の守にわざわざ任命しなくてもいいですよね。つまり、**セリフと直後の行動とが食い違っている**ということ。一般的に、地方職は中央職に比べて、当時は格下。ここは、カッとなりやすい実方の欠点を目撃した天皇が、実方を左遷《させん》させようとしているところ。

問六　ワザ85を使用！　ここは**最後に注目**です。「不忍（忍耐力がない）」か「忍を信ずる（忍耐の大切さを信じる）」かによって、幸不幸がわかれたたとえ話だ、というのだから、要するに**「忍」の大切さ**を言いたかったんですよね。

設問解答

問一　**いかなる憤りかありけん**
問二　A　**実方中将**　B　**大納言行成卿**
問三　**とてもすばらしい人物である。**
問四　**④**
問五　**②**
問六　**忍耐することは大切だ。**

現代語訳

大納言行成卿が、まだ殿上人でいらっしゃったとき、実方中将は、どのような怒りがあったのだろうか、殿上の間に参上し（行成に）会って、何も言わずに、行成の冠を打ち落として、小庭に投げ捨てた。行成は少しも騒がずに、主殿司をお呼びになって、「冠を取って参れ」と命じて、（主殿司が取って来た）冠をかぶり直して、守刀から笄を抜き取って、鬢を直して、居ずまいを正して、（行成は）「どのような事でございましょうか、突然これほどの乱暴な罰を受けなければならない事は（身に）覚えがございません。（罰するにしても）その理由をお聞きして、その後の事であるべきでしょうか」と、理路整然とおっしゃった。実方は、きまりが悪くなって逃げてしまった。

ちょうどそのとき小蔀から、天皇が、御覧になって、「行成はすばらしい人物である。（行成に）このように思慮深い心があろうとは（私は）思わなかった」とおっしゃって、その頃蔵人所の長官（の役職）が空席になっていたので、（天皇は行成を）多くの人を飛び越えて任命なさった。実方を、中将の官職をお取り上げになって、（天皇は）「歌枕を見て参れ」とお命じになって、陸奥国守にして左《さ》遷《せん》なさった。（実方は）そのままそこ（＝陸奥国）で亡くなってしまった。実方は、蔵人所の長官になれずに終わってしまったことを恨《うら》みに思って、執着《しゅうちゃく》がとどまって（生まれ変わって）雀になって、殿上の間の小台盤にとまって、台盤（の食物）を食べていたということを、人は言っていた。一人（＝実方）は忍耐がなかった事によって前途を失い、一人（＝行成）は忍耐（の大切さ）を信じる事によって褒美《ほうび》にめぐりあったというたとえ話である。

いかがでしたか？　「あ、わかった！」「結構できるかも♪」なんて手ごたえを感じられたかな？　惜しくも正解までたどりつけなかった問題でも、「そうだった！　このワザを使ってここに着眼すれば、解けるんだ！」と説明を読んで**解き方をイメージできれば大成長!!**　何となく雰囲気で解くやり方から確実な解き方へとステップアップできたってことですよね。あとは、本文や問題に応じて最も有効なワザをパッと思い出せるように、294ページの「**読解のワザ・チェックリスト**」を使って、ワザをしっかり身につけ、そして、**身につけたワザを、他のいろんな文章でもどんどん使って、さらに読解力アップをめざしてくださいね。**

巻末付録

- 読解のワザ・チェックリスト
- 用言活用表
- 助動詞一覧表
- 助詞一覧表
- 主な敬語動詞一覧表
- 主な文法識別一覧表

読解のワザ・チェックリスト

学習したすべてのワザをここで確認しましょう！ 覚えていたら□にチェック印をつけて、忘れていたら本文に戻って再確認！ カコミの下端には、本文の掲載ページを記しておきました。

第一章　主語発見法

□ **ワザ1　助詞の補いの大原則**【パターン的中率90％】

「は・が・を・に」は日常会話感覚で補え！

p.3

□ **ワザ2　主語発見のワザ**【パターン的中率85％】

〈人物〉、……

→**「は・が」を補う**＝つまり、**ここが主語！**

p.4

□ **ワザ3　組み合わせで変わる訳し方①**【パターン的中率70％】

★真下が**動詞**のパターン

が
の　＋　**動詞**

→この場合は、「が」も「の」も、**「が」と訳す！**

p.8

□ **ワザ4　組み合わせで変わる訳し方②**【パターン的中率85％】

★真下が**名詞**のパターン

が
の　＋　**名詞**

→この場合は、「が」も「の」も、**「の」と訳す！**

p.8

□ **ワザ5　接続助詞に注目するワザ①**【パターン的中率90％】

★前後で**主語が変わりにくい**パターン

Aさんは……　て、……

→ **Aさんは**（補う）

p.14

□ **ワザ6　接続助詞に注目するワザ②**【パターン的中率70％】

★前後で**主語が変わりやすい**パターン

Aさんは……　を、に、ば、……

→ **Bさんは**（補う）

p.18

□ **ワザ7 文頭の主語の補いのワザ** 【パターン的中率60％】

Aさんは、……。――。

（補う）→ **Aさんは**

p.23

□ **ワザ8 敬語に注目するワザ①** 【パターン的中率95％】

★会話文の中に**尊敬語**があるパターン

Aさん→Bさん（会話文）

「……〈**尊敬語**〉」

→ **Aさん以外の誰か**が主語になる

p.30

□ **ワザ9 敬語に注目するワザ②** 【パターン的中率70％】

★会話文の中に**謙譲語**があるパターン

Aさん→Bさん（会話文）

「……〈**謙譲語**〉」

→ **Aさん**が主語になる

p.30

□ **ワザ10 敬語に注目するワザ③** 【パターン的中率70％】

★会話文以外の敬語から判定するパターン

下準備…登場人物ごとの敬語使用状況をチェック

①**初登場シーン**など、**主語がはっきりわかる箇所**に注目

②主に**動詞などに注目**して、**登場人物ごとに、尊敬語の有無**をチェック

（例）Aさん→尊敬語使用／Bさん→尊敬語不使用

実践 主語がわからない箇所が出てきたら……

・……〈尊敬語**アリ**〉 → **「Aさんが」を補う**

・……〈尊敬語**ナシ**〉 → **「Bさんが」を補う**

p.32

□ **ワザ11 行動パターンに注目するワザ** 【パターン的中率80％】

アイテムや行動に注目して、主語が男の子か女の子かを把握！

p.36

□ **ワザ12 専用ワードで主語を見抜くワザ** 【パターン的中率98％】

天皇ご一家専用ワードを覚えて、天皇がらみの行動を把握！

p.40

第二章　人物整理法

□ **ワザ13** 埋もれた人物発見のワザ①　【パターン的中率95％】
日記・随筆（＝エッセイ）では、**作者も登場人物の一人！**
p.53

□ **ワザ14** 埋もれた人物発見のワザ②　【パターン的中率70％】
説話では、**メインの話の前後にコメンテーター（＝編者）があらわれる**ことがある！
p.55

□ **ワザ15** 埋もれた人物発見のワザ③　【パターン的中率90％】
「鏡物」には、**ナレーター（＝語り手）があらわれる**！
p.57

□ **ワザ16** 埋もれた人物発見のワザ④　【パターン的中率80％】
・**「○○の御時」**で始まる
・話の舞台が**「宮中」**
← **登場人物の一人**として**天皇**をカウントせよ！
p.58

□ **ワザ17** 作品別人物整理のワザ①〈蜻蛉日記〉　【パターン的中率85％】
「来た」と書いていない限り、**兼家はいません**！
p.62

□ **ワザ18** 作品別人物整理のワザ②〈枕草子〉　【パターン的中率70％】
何も書いていなくても、**中宮定子はいます**！
p.64

□ **ワザ19** 主人公発見のワザ①　【パターン的中率95％】
主人公は、**最初から最後まで出ずっぱり**の人物！
p.72

□ **ワザ20** 主人公発見のワザ②　【パターン的中率70％】
主人公は、たいてい**本文最初に登場**！
p.72

□ **ワザ21** 主人公発見のワザ③
前書きが、**誰中心に書かれているのか**を見よ！
p.76

□ **ワザ22** 主人公発見のワザ④　【パターン的中率90％】
日記・随筆では、**作者が主人公**！
p.77

□ **ワザ23** 登場人物を整理するワザ①
主要人物は、ピックアップして余白に書き出す！
＋〈コツ〉
❶できるだけ**詳しい呼び名**を書き出す
❷**呼び名が大きく変わったらそれも書き加える**
❸親子・恋人・ライバルなどの関係がわかれば、**系図化**する
❹**前書きや（注）にある人物情報**も有効利用
p.83

- □ **ワザ24 登場人物を整理するワザ②**
  用語に注意して立場をつかめ!　p.87
- □ **ワザ25 登場人物しぼりこみのワザ①**【パターン的中率70％】
  1シーンの登場人物は、せいぜい2～3人!　p.96
- □ **ワザ26 登場人物しぼりこみのワザ②**
  その場にいる人と別の場所にいる人を区別せよ!　p.97
- □ **ワザ27 登場人物しぼりこみのワザ③**
  その場にいる人と話題にのぼっているだけの人を区別せよ!　p.97
- □ **ワザ28 登場人物しぼりこみのワザ④**
  現在いる人と、過去の人を区別せよ!　p.97

第三章　状況把握法

- □ **ワザ29 舞台特定のワザ①**【パターン的中率70％】
  働く女性が作者のノンフィクション作品（日記・随筆）なら、職場が舞台!　p.99
- □ **ワザ30 舞台特定のワザ②**【パターン的中率80％】
  〝専業主婦〟が作者のノンフィクション作品（日記・随筆）なら、自宅が舞台!　p.99
- □ **ワザ31 位置関係から状況をつかむワザ**
  登場人物の位置関係をチェックして、〝見える〟範囲を特定せよ!　p.103
- □ **ワザ32 〝別枠〟処理で全体図をつかむワザ①**
  「今現場で起こっていること」か「話題にしているだけ」かを区別せよ!　p.112
- □ **ワザ33 〝別枠〟処理で全体図をつかむワザ②**
  「過去」と「現在」を区別せよ!　p.112
- □ **ワザ34 〝別枠〟処理で全体図をつかむワザ③**
  「夢」と「現実」を区別せよ!　p.119

□ **ワザ35** 「夢」の処理法① 【パターン的中率80%】
「夢に……」と言い出したら、**直後から夢の中の描写！**
p.119

□ **ワザ36** 「夢」の処理法② 【パターン的中率95%】
いまその場にいない人も夢に登場する！
p.119

□ **ワザ37** 「夢」の処理法③ 【パターン的中率80%】
夢を見ている本人は、たいてい**夢の中の登場人物**になる！
p.119

□ **ワザ38** 場面転換把握のワザ
段落が変わったら、{**時**・**所**・**人**}を、いったん、**白紙にリセット！**

p.122

第四章　具体化の方法

□ **ワザ39** 減点されない訳のコツ
紛らわしい語ほど、**正体をあばいて的確に訳せ！**
p.125

□ **ワザ40** 意味の特定法①
意味に大きな幅がある単語は、まずは**プラス（＋）の意味**か**マイナス（－）の意味**かを荒づかみ！
p.135

□ **ワザ41** 意味の特定法② 【パターン的中率80%】
男女の恋のお話では、**「会ふ」「見る」「知る」**などは**恋愛ワードに変身！**
p.138

□ **ワザ42** 指示内容の特定法① 【パターン的中率80%】
指示語は**直前を指す！**
p.147

□ **ワザ43** 指示内容の特定法② 【パターン的中率85%】
「かれ」＝男の子じゃない！
遠くのものや**人を指す言葉。**
p.147

□ **ワザ44** 指示内容の特定法③ 【パターン的中率70%】
会話文中の指示語は、**直前で相手が話したセリフの中を指す！**
p.149

□ **ワザ45** 省略内容補いのワザ① 【パターン的中率70%】
連体形なのに、**真下に名詞がない！＝名詞が省略**されている
↓
「こと」「もの」「時」「人」などを補う
p.150

□ **ワザ46** **省略内容補いのワザ②**【パターン的中率80%】

連体形
非活用語 ＋ **に** ＋ **係助詞** ＋ 。」、 → **「あらむ（あらめ）」**←補う

p.151

□ **ワザ47** **省略内容補いのワザ③**【パターン的中率70%】

《古文表現》	**《具体的内容》**
□**「花」**といったら、	**桜**
□**「山」**といったら、	**比叡山延暦寺《ひえいざんえんりゃくじ》**
□**「遊び」**といったら、	**詩歌管弦の遊び**
□**「行《おこな》ふ・勤《つと》む」**は、	**仏道修行**
□**西**にあるのは、	**極楽**
□**「明《あ》く」**のは、	**夜**
□**「暮《く》る」**のは、	**日**
□突然、**「思ふ」**とあれば、	**「愛しく思う」**か**「不安に思う」**

p.152

□ **ワザ48** **省略内容補いのワザ④**【パターン的中率80%】

『蜻蛉日記』では、**夫兼家への不満**が、いつもある!
『土佐日記』では、**亡き子への思い**が、いつもある!

p.155

□ **ワザ49** **省略内容補いのワザ⑤**

困ったときは、**類似表現を探せ!**

p.157

□ **ワザ50** **発想パターンと行動パターンに注目する ワザ①**
【パターン的中率75%】

恋愛パターン

①恋愛のきっかけは、素敵な女の子の**噂《うわさ》**か、**垣間見《かいまみ》**（＝のぞき見）
②男の子は、気になる女の子に和歌をおくる
③たいてい、最初は返事はない
④場合によっては、女の子にお付きの女房を、味方にひきいれる
⑤何度か和歌をおくるうちに、女の子直筆の返事が届く
⑥許可を得て女の子のもとを訪れ、御簾《みす》（＝レースのカーテンのような役割のもの）を隔《へだ》てて対面する
⑦御簾の内に入り、一夜を共にする
⑧逢瀬《おうせ》（＝デート）は、日が暮れてから夜明け前まで
逢瀬の場所は、いつも女の子の部屋
⑨逢瀬の後は、できるだけ早く「**後朝《きぬぎぬ》の文《ふみ》**」を女の子におくる

p.158

ワザ51 発想パターンと行動パターンに注目する ワザ②

【パターン的中率70％】

結婚パターン

①カップル成立の一夜の後は、男の子は女の子のもとに三夜連続で通わなければいけない
②三日目の朝、**「三日夜《みかよ》の餅」**を食べ、正式に結婚が成立する
③**一夫多妻**なので、妻が複数いる
④**通い婚**（⇔別居婚）が多い
⑤男の子が女の子のもとに定期的に通い続ける間が「結婚している状態」
⑥女の子側が男の子の面倒を見る
⑦子どもができたら、母の邸《やしき》で育てる

p.161

ワザ52 発想パターンと行動パターンに注目する ワザ③

【パターン的中率90％】

病気・治療パターン

①病気は**物の怪《もののけ》**（＝死霊《しりょう》・生き霊など）が人に取り憑《つ》いて引き起こすもの
②体力がない人や出産前後の女性に取り憑くことが多い
③陰陽師《おんみょうじ》や僧に悪霊退散の**加持祈祷《かじきとう》**（＝お祈り）をしてもらう（＝これが病気治療）
④物の怪の恨《うら》みが深いほど、取り憑いたら離れない
⑤加持祈祷が効果を発揮しだすと、物の怪はしゃべりだす
⑥物の怪の願いをかなえてやると約束すると、物の怪は退散する
⑦物の怪が退散すれば、病気は治る
⑧物の怪が退散しない場合は、取り憑かれていた人間は死に至る

p.162

ワザ53 発想パターンと行動パターンに注目する ワザ④

【パターン的中率90％】

出家・死のパターン

①貴族はほぼ全員死ぬ前に出家する
②目的は、来世で阿弥陀仏《あみだぶつ》が作ったとされる**極楽浄土《ごくらくじょうど》**に生まれ変わること
③そのために、人々は**出家**をし**仏道修行**に励《はげ》む
④出家の際には、俗世における地位や人間関係など、すべてを捨てる
⑤出家のタイミングは、人それぞれ。多いのは、**「大事な人との死別」「失恋」「病気」「高齢」**
⑥極楽浄土は**西の方角**にある
⑦極楽往生《おうじょう》（＝極楽に生まれ変わること）できた証《あかし》は、**紫の雲**と**いい香り**

p.163

第五章　本文整理法

□ **ワザ54** **カギカッコの補いのワザ①**
「　」をつける箇所の特定は、まずは、**終わりのカギカッコ**から！
p.174

□ **ワザ55** **カギカッコの補いのワザ②**　【パターン的中率90％】
「と」の直前に、**終わりのカギカッコ**をつけよ！
（例）～」**と**言ふ／～」**と**思ふ
p.175

□ **ワザ56** **カギカッコの補いのワザ③**　【パターン的中率90％】
「とて」「など」の直前にも、**終わりのカギカッコ**をつけよ！
（例）～」**とて**、／～」**など**言ふ
p.176

□ **ワザ57** **挿入句攻略法**　【パターン的中率70％】
挿入句は〈……、**疑問語～推量**、……〉！
p.184

□ **ワザ58** **本文仕分けのワザ①**
「意見」と**「具体例」**を区別せよ！
→**「意見」**に注目して、**主張をつかめ！**
p.188

□ **ワザ59** **本文仕分けのワザ②**
「対《つい》」に注目！　→**作者の意見**と**反対意見**を区別せよ！
p.192

□ **ワザ60** **本文仕分けのワザ③**
「対」の目印は、**対義語・類似構文・「は」・「も」！**
p.192

□ **ワザ61** **主題発見のワザ①**　【パターン的中率85％】
最も言いたいことは、**本文の最初**か**最後**に書いてある！
p.196

□ **ワザ62** **主題発見のワザ②**　【パターン的中率60％】
最も言いたいことは、**段落の最初**か**最後**に書いてあるときもある！
p.197

□ **ワザ63** **主題発見のワザ③**　【パターン的中率70％】
最も言いたいことは、本文中**何度もくりかえし書いてある**部分！
p.198

第六章　和歌読解法

□ **ワザ64** **和歌攻略のワザ①**　【パターン的中率95%】

5/7/5/7/7のリズムは**句読点代わり！**
句末に文末表現があれば、**「句切れ」！**

p.203

□ **ワザ65** **和歌攻略のワザ②**　【パターン的中率98%】

枕詞は暗記で攻略！
発見したら、無視をせよ！

p.207

□ **ワザ66** **和歌攻略のワザ③**　【パターン的中率80%】

和歌の**最初から第二句め**または**第三句め**までが、
本筋に**無関係な自然描写**なら、**序詞！**

p.210

□ **ワザ67** **和歌攻略のワザ④**　【パターン的中率85%】

・和歌中の
不自然なひらがな
固有名詞
和歌直前に登場していた**キーワード**
→**掛詞を疑え！**

p.217

□ **ワザ68** **和歌攻略のワザ⑤**　【パターン的中率85%】

掛詞の二重の意味は、
自然界の事柄
人間界の事柄
この2つのペア！

p.219

□ **ワザ69** **和歌攻略のワザ⑥**　【パターン的中率85%】

和歌の基本構造は、
パッと見、自然界の事柄
その裏に、人間界の事柄←**メインはこちら！**

p.226

□ **ワザ70** **和歌攻略のワザ⑦**

和歌の**直前直後**から、情報を入手して、
和歌につけ足す！

p.229

□ **ワザ71** **和歌攻略のワザ⑧**　【パターン的中率80%】

和歌の贈答場面では、
それぞれをヒントとして利用せよ！

p.235

□ **ワザ72** **和歌攻略のワザ⑨**　【パターン的中率95%】

和歌の**一部の引用**は、
和歌**一首丸ごとの引用と同じ！**

p.240

第七章　入試問題ヒント発見法

- □ **ワザ73** **本文周囲にあるヒント発見・活用のワザ①**
  「前書き」には、本文読解の大前提となる重要な情報がある！【パターン的中率90％】 p.245
- □ **ワザ74** **本文周囲にあるヒント発見・活用のワザ②**
  本文最初の数行は、前書きと絡《から》めて具体化！【パターン的中率80％】 p.246
- □ **ワザ75** **本文周囲にあるヒント発見・活用のワザ③**
  「注」には、本文読解のヒントだけでなく、問題を解くヒントもある！【パターン的中率70％】 p.248
- □ **ワザ76** **本文周囲にあるヒント発見・活用のワザ④**
  「設問文」にさりげなく含まれる、主語のヒントを見逃がさないで！【パターン的中率60％】 p.249
- □ **ワザ77** **本文周囲にあるヒント発見・活用のワザ⑤**
  全選択肢共通部分は、まぎれもないヒント！すばやく見つけて時間短縮！【パターン的中率80％】 p.251
- □ **ワザ78** **本文周囲にあるヒント発見・活用のワザ⑥**
  正解選択肢は、それ以降を読むヒントに使おう！【パターン的中率80％】 p.254

- □ **ワザ79** **着眼箇所発見のワザ①**【パターン的中率80％】
  迷ったら、**直前**を見よ！ p.257
- □ **ワザ80** **着眼箇所発見のワザ②**【パターン的中率80％】
  傍線部前後にある**カギカッコ「　」**に着眼せよ！ p.260
- □ **ワザ81** **着眼箇所発見のワザ③**【パターン的中率70％】
  「　」内の傍線部は、**「　」内の残りの部分**か、**「　」の直前直後**に注目！ p.264
- □ **ワザ82** **着眼箇所発見のワザ④**【パターン的中率70％】
  「　」の後の行動をチェックしてウソを見抜け！ p.272
- □ **ワザ83** **着眼箇所発見のワザ⑤**【パターン的中率80％】
  「なぜか？」と問われたら、**直前の〔已然形＋ば〕**に注目！ p.274
- □ **ワザ84** **着眼箇所発見のワザ⑥**【パターン的中率80％】
  ここも着眼点！
  ・**類似表現**　・**対の表現**
  ・**やりとりしている和歌のもう一方** p.280
- □ **ワザ85** **着眼箇所発見のワザ⑦**【パターン的中率90％】
  読解系問題の答えは、**必ず本文中に書いてある！** p.282

用言活用表

【動詞】

種類	例語	語幹	未然形	連用形	終止形	連体形	已然形	命令形
四段	書く	書	か	き	く	く	け	け
上二段	起く	起	き	き	く	くる	くれ	きよ
下二段	受く	受	け	け	く	くる	くれ	けよ
上一段	見る	○	み	み	みる	みる	みれ	みよ
下一段	蹴る	○	け	け	ける	ける	けれ	けよ
カ変	来	○	こ	き	く	くる	くれ	こ(こよ)
サ変	す	○	せ	し	す	する	すれ	せよ
ナ変	死ぬ	死	な	に	ぬ	ぬる	ぬれ	ね
ラ変	あり	あ	ら	り	り	る	れ	れ

※上一段は「居《ゐ》る」「着る」「似る」「見る」「射《い》る」などごく少数。下一段は「蹴る」のみ。カ変は原則「来《く》」一語のみ。サ変は「す」「おはす」が基本。ナ変は「死ぬ」「往《い》ぬ」の二語のみ。ラ変は「あり」「をり」「侍り」「いますかり」の四語。数に限りがあるものは覚えておこう。

【形容詞】

種類	例語	語幹	未然形	連用形	終止形	連体形	已然形	命令形
ク活用	よし	よ	（く）	く	し	き	けれ	○
			から	かり	○	かる	○	かれ
シク活用	うつくし	うつく	（しく）	しく	し	しき	しけれ	○
			しから	しかり	○	しかる	○	しかれ

※ク活用・シク活用のそれぞれ左列の活用表は、原則、助動詞が下に続くときに使用。助動詞以外が下に続くときは、それぞれ右列の活用表を使用。右列・左列の使用法の違いに注意！

【形容動詞】

種類	例語	語幹	未然形	連用形	終止形	連体形	已然形	命令形
ナリ活用	静かなり	静か	なら	なり に	なり	なる	なれ	なれ
タリ活用	堂々たり	堂々	たら	たり と	たり	たる	たれ	たれ

※タリ活用は漢文訓読体などにあらわれる程度で、普通の古文にはほとんどあらわれません。連用形のうち、右列は、助動詞が下に続くときに使用。

助動詞一覧表

接続	助動詞	未然形	連用形	終止形	連体形	已然形	命令形	活用の型	意味
未然形	る	れ	れ	る	るる	るれ	れよ	下二段型	①自発（自然と～れる）②受身（～れる。～られる）③可能（～できる）④尊敬（お～になる。～なさる）※「る」は四段・ナ変・ラ変の未然形に、「らる」はそれ以外の未然形に接続する
	らる	られ	られ	らる	らるる	らるれ	られよ		
	す	せ	せ	す	する	すれ	せよ		①使役（～させる）②尊敬（お～になる。～なさる）※「す」は四段・ナ変・ラ変の未然形に、「さす」はそれ以外の未然形に接続する
	さす	させ	させ	さす	さする	さすれ	させよ		
	しむ	しめ	しめ	しむ	しむる	しむれ	しめよ		
	ず	（ず）ざら	ず ざり	ず ○	ぬ ざる	ね ざれ	○ ざれ	特殊型	打消（～ない）
	じ	○	○	じ	じ	じ	○	無変化型	①打消推量（～ないだろう）②打消意志（～まい。～ないつもりだ）
	む（ん）	○	○	む（ん）	む（ん）	め	○	四段型	①推量（～だろう）②意志（～よう）③仮定・婉曲（～たら、その。～ような）④適当・勧誘（～のがよい。～ませんか）
	むず（んず）	○	○	むず（んず）	むずる（んずる）	むずれ（んずれ）	○	サ変型	
	まし	ましか（ませ）	○	まし	まし	ましか	○	特殊型	①反実仮想（もし～たならば、～ただろうに）②ためらいの意志（～ようかしら）③願望（～だったならば、よかったのに）
	まほし	（まほしく）まほしから	（まほしく）まほしかり	まほし ○	まほしき まほしかる	まほしけれ ○	○	形容詞型	希望（～たい）
	き	（せ）	○	き	し	しか	○	特殊型	過去（～た）※カ変・サ変には未然形にもつく
	けり	（けら）	○	けり	ける	けれ	○	ラ変型	①過去（～た）②詠嘆（～たなあ）

連用形	つ	て	て	つ	つる	つれ	てよ	下二段型	①完了(～てしまう。～てしまった。～た) ②強意(きっと～。必ず～)
	ぬ	な	に	ぬ	ぬる	ぬれ	ね	ナ変型	
	たり	たら	たり	たり	たる	たれ	たれ	ラ変型	①完了(～た) ②存続(～ている。～ていた)
	けむ	○	○	けむ (けん)	けむ (けん)	けめ	○	四段型	①過去推量(～ただろう) ②過去の原因推量(〔どうして〕～たのだろう。〔～だから〕～なのだろう) ③過去の伝聞・婉曲(～たという。～たような)
	たし	(たく) たから	たく たかり	たし ○	たき たかる	たけれ ○	○	形容詞型	希望(～たい)
終止形(※ラ変型活用語には、連体形につく)	べし	(べく) べから	べく べかり	べし ○	べき べかる	べけれ ○	○	形容詞型	①当然(～はずだ) ②推量(～だろう) ③意志(～よう) ④可能(～できる) ⑤適当(～するのがよい) ⑥命令(～せよ)
	らむ	○	○	らむ (らん)	らむ (らん)	らめ	○	四段型	①現在推量(今頃～ているだろう) ②現在の原因推量(〔どうして〕～いるのだろう。〔～だから〕～なのだろう) ③現在の伝聞・婉曲(～いるという。～いるような)
	らし	○	○	らし	らし	らし	○	無変化型	(根拠のある)推定(～らしい)
	めり	○	(めり)	めり	める	めれ	○	ラ変型	①推定(～ようだ) ②婉曲(～ようだ)
	まじ	(まじく) まじから	まじく まじかり	まじ ○	まじき まじかる	まじけれ ○	○	形容詞型	①打消当然(～はずがない) ②打消推量(～ないだろう) ③打消意志(～まい) ④不可能(～できない) ⑤不適当(～しないほうがよい) ⑥禁止(～してはならない)
	なり	○	(なり)	なり	なる	なれ	○	ラ変型	①伝聞(～とかいう。～だそうだ) ②推定(～ようだ)
非活用語 連体形	なり	なら	なり に	なり	なる	なれ	なれ	形容動詞型	①断定(～である) ②存在(～にある。～にいる)
体言	たり	たら	たり と	たり	たる	たれ	たれ		断定(～である)
サ変の未然形 四段の已然形	り	ら	り	り	る	れ	れ	ラ変型	①完了(～た) ②存続(～ている。～ていた)
体言・連体形・「の」「が」	ごとし	(ごとく)	ごとく	ごとし	ごとき	○	○	形容詞型	①比況(～のようだ) ②例示(～のような)

※ラ変型活用語とは、ラ変動詞(「あり」「をり」「はべり」)、形容詞(カリ系列)、形容動詞、および上の三つの型の助動詞(「たり」「り」「べし」「まじ」「まほし」「なり」「ず」など)である。

助詞一覧表

接続	格助詞	意味用法
連体形か体言（「に」は連用形、「と」は連用形や言い切りの形にもつく）	が の	主格（が） 連体修飾格（の） 同格（で） 準体格（のもの） 連用修飾格（のように）
	を	連用修飾格（を）〈対象・起点・相手・経由〉
	に	連用修飾格（に）〈時・場所・帰着点・結果・相手・目的・強意・状態〉 敬主格（におかれては）
	へ	連用修飾格（へ）〈目標・方向〉
	と	連用修飾格（と）〈引用・共同・結果・比較の基準・並列・強意・比喩（のように）〉
	にて して	連用修飾格（で）〈手段・場所・共同の動作者〉

接続	接続助詞	意味用法
已然形	ば	順接確定条件（と・ところ・ので）
未然形		順接仮定条件（もし…ならば）
終止形・形容詞型のものには連用形	とも	逆接仮定条件（たとえ…ても）
已然形	ど ども	逆接確定条件（けれども）
連体形	が に を	逆接確定条件（のに・けれども） 順接確定条件（と・ところ・ので）
連体形	ものから ものの ものゆゑ ものを	逆接確定条件（のに・けれども）
連用形	て	単純接続（て）
連用形	して	単純接続（て）
未然形	で	打消接続（ないで）
連用形	つつ	反復（…しては…してはして） 継続（ずっと…しつ

接続	終助詞	意味用法
文末・「ぞ」	かし	念をおす強意（よ）
文末	な	禁止（な） 詠嘆（なあ）
連用形・カ変サ変は未然形	そ	禁止（な）
未然形	ばや	希望（たい）
連用形	しが しがな にしが にしがな てしが てしがな	
未然形	なむ《＝なん》	願望（してほしい）
体言・助詞	がな	願望（であればなあ・があればなあ）
体言・形容詞の連用形など	もがな	
いろいろな語	かな か な は	感動（なあ）
	を や よ	感動（なあ）・整調

接続	格助詞	意味用法
	より から	連用修飾格（より・から）〈基準・起点・経由（通って）・手段方法（で）・即時（やいなや）・原因理由〉 連体修飾格（より・から）

接続	副助詞	意味用法
いろいろな語の下に割りこむが多くは連体形か体言	し	強意
	だに	類推（さえ） 限定（せめて…だけでも）
	すら	類推（さえ）
	さへ	添加（までも）
	のみ	限定（だけ） 強意
	ばかり まで	限定（だけ・まで） 程度（ぐらい）
	など《＝なんど》	例示（なんか）

接続	接続助詞	意味用法
		づける・一面に…する）
連用形・形容詞の語幹・体言	ながら	同時（ながら） 逆接（のに） 状態（のままで） 並行（ながら） 逆接（のに）

接続	係助詞	意味用法
いろいろな語の下に割りこむが多くは連体形か体言	は	区別（は） 強意
	も	並列（も） 強意
	ぞ なむ《＝なん》	強意
	や か	疑問（か） 反語（…か、いやない） 並列（や）
	こそ	強意

主な敬語動詞一覧表

【敬語…本動詞】

	動詞	もとの動詞	訳
尊敬語	おはす・おはします	あり・行く・来《く》	いらっしゃる
	宣《のたま》ふ・のたまはす・仰《おほ》す	言ふ	おっしゃる
	給《たま》ふ・たまはす・たぶ（たうぶ）	与ふ	お与えになる
	思《おぼ》す（思《おも》ほす）・おぼしめす	思ふ	お思いになる
	御覧《ごらん》ず	見る	御覧になる
	きこしめす	聞く	お聞きになる
		食ふ・飲む	召しあがる
	あそばす	す	なさる
	大殿籠《おほとのごも》る	寝《ね》	おやすみになる

	動詞	もとの動詞	訳
謙譲語	申す・聞こゆ・聞こえさす	言ふ	申しあげる
	奏《そう》す	言ふ	（天皇に）申しあげる
	啓《けい》す	言ふ	（中宮・東宮に）申しあげる
	奉《たてまつ》る・参《まゐ》る・参《まゐ》らす	与ふ	差しあげる
	賜《たま》はる	受く	いただく
	参《まゐ》る・まうづ	行く・来《く》	参上する
	まかる・まかづ	行く	退出する
	承《うけたまは》る	聞く	お聞きになる

しろしめす	知る	知っていらっしゃる
	知る（領《し》る）	お治めになる
召《め》す	呼ぶ	お呼びになる
奉《たてまつ》る・召《め》す	着る	お召しになる
	乗る	お乗りになる
	食ふ・飲む	召しあがる
参《まゐ》る	食ふ・飲む	召しあがる

侍《はべ》り・候《さぶら》ふ（さうらふ）	あり・居《を》り	お仕えする
つか（う）まつる	す	し申しあげる

丁寧語		
動詞	もとの動詞	訳
侍《はべ》り・候《さぶら》ふ（さうらふ）	あり	あります・います

【敬語…補助動詞】

尊敬語	
おはす・おはします・ます・まします	（で）いらっしゃる
おはす・おはします・ます・まします・給ふ〔四段〕・たぶ（たうぶ）	なさる

謙譲語	
申す・聞こゆ・聞こえさす・参らす・奉る	申しあげる
給ふ〔下二段〕	（ており）ます

丁寧語	
侍り・候ふ	…ます、…です・…（て）います

主な文法識別一覧表

「ぬ・ね」の識別

①接続（＝上の単語の活用形）から見分ける方法

未然形＋{ぬ・ね}	打消の「ず」
連用形＋{ぬ・ね}	完了の「ぬ」

②「ぬ・ね」ご本人の活用形から見分ける方法

ぬ の活用形が	連体形	→打消の「ず」
	終止形	→完了の「ぬ」
ね の活用形が	已然形	→打消の「ず」
	命令形	→完了の「ぬ」

「なり」の識別

終止形・ラ変型連体形＋なり	伝聞・推定の助動詞
連体形・非活用語＋なり	断定の助動詞

「なむ」の識別

未然形＋なむ	願望の終助詞
連用形＋なむ	完了の助動詞「ぬ」の未然形＋推量の助動詞「む」
連体形・非活用語＋なむ	強意の係助詞

「る・れ」の識別

末尾がア段の音＝四段の未然形／ナ変の未然形／ラ変の未然形 ＋ ⓡる／ⓡれ	自発・可能・受身・尊敬の助動詞「る」
末尾がエ段の音＝サ変の未然形／四段の已然形 ＋ る／れ	完了・存続の助動詞「り」

「に」の識別

連用形 ＋ に ＋ き／けり／たり／けむ 完了の助動詞「ぬ」の連用形 → に	
連体形／非活用語 ＋ に（＋助詞）＋あり（「である」と訳せる） 断定の助動詞「なり」の連用形 → に	
名詞／連体形 ＋ に	格助詞
連体形 ＋ に、	接続助詞

山村 由美子

Yumiko YAMAMURA

愛知県名古屋市出身。河合塾古文講師。専門は日本語学（平安文学の語義の研究）。多忙な予備校の仕事と同時に研究も続けている。

河合塾では，現在，医進・早大などのトップクラスから高１クラスまで幅広く担当。「なぜそう読めるのか」「どうしたらその答えになるのか」といった読み方・解き方を明確に示した授業を展開している。

サテライト（衛星授業）では，センター試験対策講座を担当。全国模試の作成メンバーでもある。受験参考書の著書に，『入試古文単語速習コンパス 400』（桐原書店）『マーク式基礎問題集』（河合出版）〈共に共著〉がある。

BF03AB/B-D/Sy